Intervallfasten für Einsteiger

Mit Intermittierenden Fasten gesund und langfristig abnehmen ohne Diät oder Jo-Jo Effekt

BeLight Experts

Inhaltsverzeichnis

Einleitung

Diäten und fasten – dies ist ein ewiges Thema, nicht nur nach den Feiertagen oder vor der Badesaison. Beim Fasten geht es jedoch nicht nur darum, lästige Kilos loszuwerden. Wer sein Normalgewicht, oder im besten Fall das Idealgewicht hält, der tut auch seinem Körper richtig viel Gutes. Das Problem ist, dass viele Diäten nur schwer durchzuhalten sind. Wer sich schon einmal 14 Tage lang durch die Eier-Kur, die Reis-Diät oder das Ananas-Programm gequält hat, der weiß, wie sehr man sich nach Ablauf des Fastens auf eine schöne Tafel Schokolade oder ein Stück Torte freut. Das ist natürlich absolut kontraproduktiv. So wird die Mühe der letzten zwei Wochen in kürzester Zeit zunichte gemacht. Das Gewicht macht sich schnell wieder an Hüften, Po und Bauch breit und man spricht vom Jo Jo-Effekt.

Häufig nimmt man nicht nur schneller, sondern auch mehr zu als man abgenommen hat, und dies ist frustrierend. Man ist in einem Teufelskreis gefangen. Diäten wechseln sich mit Fress-Attacken ab, und dass dies für den Körper und auch für die Seele nicht gesund sein kann, liegt auf der Hand.
Bei der Intervall Diät wechseln sich die Fasttage ab. Je nach Methode wird nur an einem Tag pro Woche oder an gewissen Stunden gefastet. So kommt erst gar nicht das extreme Verlangen auf. Man kann hier auch von einer taktisch gut geplanten Diät sprechen, bei der die eigene Psyche und der innere Schweinehund, wenn man so will, ausgetrickst wird.

Was ist eine Intervall Diät?

Bei der Intervall Diät spricht man auch von Intervall Fasten, oder Intermittierendem Fasten. Diese Diät verspricht keine Wunder. Die Pfunde purzeln langsam, dafür stetig. Wer sich für diese Methode entschließt, sollte sich auf jeden Fall auf einen längeren Zeitraum einstellen. Natürlich kann mit einigen Methoden innerhalb von 14 Tagen einiges an Kilos verloren werden. Wer nur zwei bis drei Kilo zu viel auf den Rippen hat, der ist nach zwei Wochen wahrscheinlich mehr als zufrieden. Wer jedoch mehr als 10 Kilogramm abnehmen möchte, der sollte diese Diät mindestens 4 Monate, wenn nicht länger durchhalten. Aus diesem Grund gibt es für die Intervalldiät auch unterschiedliche Varianten, die auf die spezifischen Bedürfnisse zugeschnitten sind. Diese möchten wir im nächsten Kapitel etwas genauer aufschlüsseln.

Die unterschiedlichen Arten der Intervall Diät

Das Intermittierende Fasten kann in verschiedenen Programmen durchgeführt werden. Es gibt hier die Formen und Varianten:

- 16:8 Diät
- 5:2 Diät
- 24 Stunden Fasten
- 10 in 2 Diät
- 14:10 Diät
- 20:4 Diät
- 36:12 Diät

Jede der einzelnen Diäten hat ihre Vor- und Nachteile. Am besten suchst Du Dir ein Programm aus, welches zu Deinem Lifestyle und Deinem Alltag passt. Wenn Du schlecht darin bist, über einen längeren Zeitraum konsequent nichts zu essen, dann sind die Varianten 10 in 2, 20:4 oder 36:12 eher nicht geeignet.

Was ist der Vorteil einer Intervall-Diät?

Die Vorteile der Intervall-Diät liegen darin, dass sich Fastentage mit normalen Ess-Tagen abwechseln. Für viele ist es eine Horrorvorstellung, eine Diät 2 Wochen oder länger durchzuhalten. Wer jedoch nur einen oder maximal zwei Tage fasten muss, mit der Aussicht auf normales Essen an den Folgetagen, hält einfacher durch. Dies hat viel mit Psychologie zu tun und unser Gehirn wird ausgetrickst. Du kennst sicher das Thema: „Denken Sie nicht an einen rosa Elefanten“ – und genauso ist es meist bei Diäten. Je weniger wir an Schokolade und Co denken sollen, desto mehr versteifen wir uns auf verbotene Lebensmittel und desto stärker wird das Verlangen danach. Heißhunger-Attacken und das verbotene Naschen zwischendurch sind dadurch vorprogrammiert. Dies fällt beim Intervallfasten komplett weg, da es schon wenige Stunden später wieder viele Köstlichkeiten gibt und sich das Intervallfasten einfach nicht wie eine Diät anfühlt.

Warum funktioniert Intervallfasten?

In den Phasen der Diät hat der Körper Zeit, die Nahrung ordentlich zu verdauen und zu verarbeiten. Da für einen längeren Zeitraum dem Körper keine Energie zugeführt wird, werden auch die körpereigenen Reserven zur Energiegewinnung verwendet. Zudem werden natürlich auch Kalorien eingespart. Wird für zum Beispiel 16 Stunden gefastet, also nichts gegessen, so werden automatisch Kalorien eingespart. Wer ein Kilogramm abnehmen will, sollte im Durchschnitt 7.000 Kalorien einsparen – und dies funktioniert mit dieser Diät beinahe unbemerkt. Durch die Fasten-Perioden wird der Glykogenspeicher im Körper nicht ständig wieder aufgefüllt. So können die körpereigenen Fettreserven verwertet werden.

Woher kommt das Intervallfasten?

Wie viele Diäten hat auch diese ihren Ursprung in Amerika. In Kalifornien und Hollywood, den Orten der Reichen und Schönen, werden stets neue Methoden zur Gewichtsreduktion ausprobiert und erforscht. Wissenschaftler führten dort auch Experimente mit Mäusen durch, die durch das Teilzeitfasten nicht nur top in Form waren, sondern auch weniger häufig an Krankheiten wie Diabetes, Krebs, Rheuma, Demenz, chronischen Schmerzen und multipler Sklerose litten. Diese Diät lässt nicht nur lästige Pfunde schmelzen, sondern hilft auch dabei, den Körper zu entgiften und somit gegen viele Krankheiten vorzubeugen.

Die häufigsten Fehler beim Intervallfasten

Wenn Du eine Diät beginnst, solltest Du Dich auch mental darauf einstellen, von nun an gesünder zu leben. Wer natürlich während der Stunden, die fürs Essen gedacht sind, nicht von Fastfood, Zucker und ungesundem, verarbeitetem Essen lassen kann, der wird auch bei dieser Diät nur wenige Erfolge erzielen.

Wenn der Zeitraum zum Essen begrenzt ist, sollte nicht automatisch doppelt so viel gegessen werden. Schon nach wenigen Tagen aber wirst Du bemerken, dass Dein Appetit immer kleiner wird und Du auch mit kleineren Portionen durchaus satt wirst. Das kommt daher, dass sich nicht nur Dein Gehirn, sondern auch Dein Körper umstellt. In kurzer Zeit programmierst Du Deinen Organismus quasi auf den schlanken Weg um.

Ein großer Fehler ist es auch, den Körper mit leeren Kalorien zu versorgen. Leere Kalorien sind sämtliche Lebensmittel, die außer Kalorien keine Eigenschaften aufweisen können. Ein Glas Limonade steckt zum Beispiel nur voll mit Zucker, liefert Dir aber keine Mineralstoffe, Vitamine oder Spurenelemente. Trinke während der Diät also keine Limonaden und meide auch Alkohol so gut es geht. Wenn dann solltest Du Dir ab und zu abends ein kleines Glas Wein gönnen.

Versuche Zucker und Kohlenhydrate so gut es geht zu meiden. Besonders Produkte aus Weißmehl stehen auch während der Intervalldiät auf der schwarzen Liste. Reguläre Pasta, Polierter Reis, Weißbrot und natürlich Süßigkeiten sind black gelistet. Generell solltest Du daran denken, wenn Du mehr Kalorien zu Dir nimmst, als Du verbrauchst, dann wird es auch mit dem Abnehmen schwer – Intervalldiät hin oder her.

Die Super-Foods oder Power-Foods beim Intervallfasten

Während der Intervall Diät solltest Du somit dennoch auf eine gesunde und ausgewogene Ernährung achten. Auch wenn Du quasi alles essen darfst, die sogenannten Power-Foods dürfen bei keinen Deiner Mahlzeiten fehlen. Vor allem bei der 16:8 Methode ist es wichtig, dass wirklich jede Mahlzeit mindestens zwei Einheiten dieses Power-Foods enthält.

Zu den Power-Foods während der Intervalldiät zählen Milchprodukte. Ob Joghurt, Quark, Kefir oder Sauerrahm, Käse und Sahne, Milchprodukte lassen sich einfach in jede Mahlzeit integrieren. Natürlich kannst Du, wenn Du Dich für einen veganen Weg entschieden hast, hier auch zu Sojamilch oder Nussmilch und deren Erzeugnisse greifen.

Bei vielen Diäten werden Hülsenfrüchte rigoros vom Speiseplan gestrichen. Bei der Intervall-Diät ist es jedoch anders. Hülsenfrüchte sind nicht nur tolle Lieferanten für Eiweiß und wertvolle Kohlenhydrate, sie helfen Dir auch dabei den Stoffwechsel anzukurbeln und bringen die Kilos an den Hüften zu schmelzen. Kichererbsen, Linsen, Bohnen und mehr sind somit Super-Foods, die zur Intervalldiät gehören.

Auch Obst wirst Du bisher bei vielen Diäten vermieden haben. Da Obst reich an Fruchtzucker ist, wird es meist bei Low Carb Diäten oder einer ketogenen Ernährung verboten. Dabei bietet Obst so viel. Mineralstoffe, Vitamine, Spurenelemente, sekundäre Pflanzenstoffe und mehr sind darin enthalten. Diese machen Dich fit, satt, gesund und unterstützen Dich trotz Fruchtzucker beim Abnehmen.

Grünes Gemüse steht ebenfalls ganz oben auf der Liste der Power-Foods für Deine Intervall-Diät. Frische Kräuter, Spinat, grüne Brechbohnen, Kohl, Salate und vieles mehr bereichern Deinen Speiseplan.

Nüsse sind ebenfalls Superfoods und Powerfoods. Sie liefern Dir wertvolle, gesunde Fette, Vitamine und Mineralstoffe. Mit Nüssen kannst Du Deine Speisen verfeinern, oder während der Essensphase Deine Lust auf Naschen stillen. Hochwertiges Eiweiß ist ebenfalls ein Powerfood, das bei keiner Intervalldiät fehlen darf. Dies kannst Du mit magerem Fleisch, Geflügel, Fisch, Meeresfrüchten und Eiern abdecken. Für Vegetarier stehen hier Tofu und Seitan auf dem Programm.

Beeren sind ein extra Kapitel. Diese süßen Früchte haben wenige Kalorien und stecken voll von gesunden Inhaltsstoffen. Sie regen die Verdauung und den Stoffwechsel an und sind somit wichtig. Achte darauf, dass Du immer wieder Beeren in Deinen Speiseplan aufnimmst.

Auch Vollkorn-Produkte zählen zu den Superfoods, die während der Intervalldiät wichtig sind. Dies ist absolut positiv für alle, die nicht auf Reis, Brot und Pasta verzichten können. Du darfst Dir während dieser Diät sogar Vollkorn Nudeln, Vollkorn Reis und Vollkornbrot gönnen. Natürlich alles mit Maß und Ziel, aber eine schöne Portion Vollkorn Spaghetti machen satt und glücklich.

Die einzelnen Intervalldiät Methoden im Überblick

Bei der **16:8 Methode** wird der Tag in 16 Stunden aufgeteilt, an denen Du fastest und in 8 Stunden, die zum Essen gedacht sind. Das bedeutet, Du kannst zum Beispiel von 10 Uhr bis 18 Uhr essen, musst dann 16 Stunden fasten, bevor Du wieder 8 Stunden lang essen darfst. Bei dieser Form ist es wichtig, dass Du in jede Mahlzeit mindestens zwei der erwähnten Superfoods oder Powerfoods einbaust. Zudem solltest Du nach 14 Uhr keinen Kaffee trinken und generell auf Limonaden verzichten. Tee, egal ob schwarz oder Kräutertee sind erlaubt, jedoch wenn, dann nur mit Süßstoff gesüßt. Auch ist es bei dieser Diät wichtig, dass Du Dich etwas mehr als üblich bewegst. 10 Minuten Sport am Tag gehören zur 16:8 Methode dazu. Das kann ein kleines Workout, ein flotter Spaziergang oder eine kleine Ausfahrt mit dem Fahrrad sein. Tanzen, Yoga oder schwimmen, alles zählt, Hauptsache Du bewegst Dich mindestens 10 Minuten konsequent. Wichtig ist auch, dass zwischen den Mahlzeiten während der 8-stündigen Periode immer ein Zeitraum von etwa 2 bis 3 Stunden liegen sollte.

Die **5:2 Methode** erstreckt sich immer über eine Woche. Während Du an fünf Tagen ganz normal essen kannst, darfst Du an zwei Tagen pro Woche nicht mehr als 500 kcal zu Dir nehmen. Bei Männern wird die Energiezufuhr mit 600 kcal angesetzt. Die Tage können, müssen jedoch nicht aufeinander folgen. Wichtig ist, dass Du wirklich an zwei Tagen pro Woche fastest.

Beim **24 Stunden fasten** ist ein Tag pro Woche ein reiner Fasttag. An diesem sind nur ungesüßte Tees, Mineralwasser, Wasser mit einem Spritzer Zitronensaft und fettarme Gemüsebrühen erlaubt. Morgens kannst Du Dir einen Shake aus Limetten, Ingwer, Koriander, Chili und Kohl gönnen. Den Rest des Tages ernährst Du Dich flüssig und nahezu kalorienfrei. An 6 Tagen der Woche jedoch kannst Du normal essen. Diese Methode eignet sich nicht nur zum Abnehmen, Sie hilft Dir auch beim Entgiften und um Dein Wunschgewicht dauerhaft zu halten.

Bei der **1:0 in 2 Methode** handelt es sich um eine sehr verschärfte Methode. Hier wird an einem Tag gefastet, am nächsten Tag gegessen und am nächsten wieder gefastet. An den Fastentagen sind lediglich ungesüßte Tees, fettarme Brühe und Wasser erlaubt. Feste Nahrung gibt es erst wieder am darauffolgenden Tag.

Die **20:4 Methode** gibt Dir pro Tag nur 4 Stunden für die Nahrungsaufnahme.

Bei der **36:12 Methode** wird für 36 Stunden gefastet. Die darauffolgenden 12 Stunden darfst Du essen, bevor Du wieder für 36 Stunden fastest. Hier gilt: Während der Fasten-Perioden darfst Du nur ungesüßten Tee, Mineralwasser oder stilles Wasser trinken.
Ein Tipp: Aromatisiere das Wasser mit einer Scheibe Limette, Ingwer oder einer Chilischote. So bietest Du Deinen Geschmacksnerven etwas Abwechslung und stimulierst zusätzlich Deinen Stoffwechsel.

Am besten wählst Du jene Methode aus, die am besten zu Deinem persönlichen Leben passt und sich in Deinen Alltag nahtlos integrieren lässt. Zu den beliebtesten und auch erfolgreichsten Varianten zählen die 5:2 Diät und die 16:8 Diät. Für beide Methoden haben wir Dir im Anschluss einen Diätplan mit vielen tollen Rezepten erstellt.

Intervallfasten & Muskelaufbau - geht das?

Die größte Gefahr beim Abnehmen ist, dass Du zwar schnell an Gewicht verlierst, dabei aber weniger die Fettreserven abgebaut werden. Es ist normal, dass in den ersten Tagen hauptsächlich eingelagertes Wasser für den Gewichtsverlust verantwortlich ist. Bei einer falsch aufgebauten Diät wird weiter aber auch die Muskelmasse abgebaut. Dies ist natürlich nicht wünschenswert und wir verraten Dir, wie Du dies vermeiden kannst.

Das wichtigste ist natürlich, dass Du auch auf etwas mehr Bewegung achtest. 10 Minuten zusätzlichen Sport solltest Du auf jeden Fall täglich erübrigen. So sorgst Du dafür, dass Muskeln aufgebaut werden. Je mehr Muskelmasse Du hast, um so höher ist auch Dein Kalorienverbrauch. Zusätzlich ist Sport auch eine gute Methode, um das Hungergefühl zu unterdrücken. Wenn Du zum Beispiel etwas Aerobic machst, eine Runde im Park drehst oder im Fitness Center bist, dann denkst Du während dieser Zeit garantiert nicht ans Essen.

Der Muskelaufbau wird optimal unterstützt, wenn Du das Training immer zwischen der zweiten und dritten Mahlzeit ansetzen kannst. Natürlich sollst Du nicht sofort nach dem Essen mit dem Training beginnen, sondern Dir dazwischen eine kurze Pause gönnen. Nach dem Training gönnst Du Dir Deine dritte und größte Mahlzeit des Tages. So kannst Du von den Spitzen der Proteinbiosynthese profitieren. Durch diese Methode erzeugst Du die sogenannten anabolen Zustände. Nach einiger Zeit kannst Du auch versuchen, vor dem Training nur zu frühstücken.

Die beste Wirkung erzielst Du hier mit der Intervallfasten Methode 5:2. Bei dieser Variante isst Du an zwei Tagen pro Woche jeweils nur 2 Mahlzeiten pro Tag und der Kalorienumsatz übersteigt 500 kcal nicht. Nach dem Frühstück nimmst Du Deinen gewohnten Tagesablauf auf. Nach der Arbeit oder dem üblichen Tagesgeschäft absolvierst Du Dein Training. Nach einer kurzen Ruhepause schmeckt das Abendessen gleich doppelt so gut.

Die konkreten Vorteile von Intervallfasten

Das wichtigste bei einer Diät ist natürlich, dass Du an Gewicht verlierst. Durch das Intervallfasten wird die Autophagie gefördert. Das bedeutet, Zellbestandteile werden abgebaut und die entstandenen Abbauprodukte werden zur Zellerneuerung und zum Muskelaufbau verwendet. Neben einer Unterstützung beim Muskelaufbau sorgt die Autophagie auch dafür, dass der Alterungsprozess verlangsamt wird. Intervallfasten ist somit auch ein Jungbrunnen. Autophagie kann auch ganz einfach als Selbstreinigungs-Prozess des Körpers bezeichnet werden.

Durch die längeren Fasten-Perioden von mindestens 12 Stunden werden sogar Entzündungen gehemmt. Auch oxidativer Stress kann durch diese Form der Diät nachweislich reduziert werden. Ebenfalls wichtig ist der Insulinhaushalt. Durch das Intervallfasten wird die Insulin-Sensivität in den Zellen gesteigert. Dadurch wird auch der Stoffwechsel positiv beeinflusst. Auch ein Ansteigen bei der Produktion der Wachstumshormone kann durch eine Intervall Diät festgestellt werden. Die Wachstumshormone tragen maßgeblich zum Muskelaufbau bei.

Intervallfasten wirkt sich positiv auf den Bluthochdruck und den Cholesterinspiegel aus. Dadurch werden auch viele Faktoren für Krankheiten eliminiert. Matabolische und zelluläre Signalwege werden ebenfalls positiv beeinflusst. Das bedeutet, intermittiertes Fasten wirkt sich auch überaus positiv auf dein Nervensystem aus.

Während des Intervallfastens wirst Du Dich im Nu fitter und vitaler fühlen. Du erhältst mehr Energie und verbrennst dadurch zusätzlich Kalorien. Dies ist ein logischer Verlauf. Wenn Du mehr Energie hast, bewegst Du Dich mehr. Wenn Du Dich mehr bewegst, verbrennst Du mehr Kalorien. Dadurch baust Du auch mehr Muskeln auf und erreichst noch schneller Dein Wunschgewicht.

Tipps, damit es mit dem Fasten klappt

Nimm Dir Zeit zum Essen. Natürlich weißt Du, dass man das Essen ordentlich kauen soll. Zusätzlich aber solltest Du darauf achten, dass Du Deine Mahlzeiten ohne Ablenkung genießen kannst. Es ist bewiesen, dass man weniger schnell satt wird, wenn man sich von TV, Mobiltelefon, Computer und Co ablenken lässt. Hier spielt das Gehirn eine große Rolle. Durch die Ablenkung werden Signale, die das Sättigungsgefühl steuern, verzögert abgeschickt.

Wichtig ist auch, dass Du ausreichend trinkst. Wasser sollte zu Deinem Lieblingsgetränk werden. Du kannst Dir Dein Wasser natürlich stets mit einer Scheibe Limette, etwas Ingwer oder frischen Kräutern aromatisieren. Verzichte wirklich auf Limonaden und Fruchtsäfte. Greife statt dessen zu Tees. Du kannst Dir mit diversen Kräutertees wunderbare Eistees zaubern.

Gerade am Anfang kann es bei einer Diät immer dazu kommen, dass Du leichte Kopfschmerzen verspürst. Dies ist meist ein sicheres Zeichen, dass Du zu wenig getrunken hast. Zwei Liter Wasser am Tag sollten das absolute Minimum sein. Zusätzlich hilfst Du Deinem Körper mit ausreichend Flüssigkeitszufuhr beim Entgiften und Entschlacken. Das hat einen weiteren Vorteil: So kannst Du auch ganz einfach Cellulite bekämpfen, da Einlagerungen einfach ausgeschwemmt werden.

Für wen ist Intervallfasten geeignet?

Generell ist diese Form der Diät für alle gut geeignet.

Vor allem die 16:8 Methode ist besonders alltagstauglich. Du kannst diese Diät immer und überall beginnen. Auch während des Urlaubs und der Feiertage musst Du die Diät nicht unterbrechen. Auch wenn Du zwischendurch zu süßen Verführungen greifst, solange Du die Pausen zwischen den Mahlzeiten korrekt einhalten kannst, ist Deine Diät nicht gescheitert.

Wer sollte keine Intervall-Diät machen?

Wenn Du nur einige, wenige Kilos verlieren willst, dann ist es ohnehin kein Problem. Bei einem angestrebten Gewichtsverlust von 10 kg und mehr solltest Du jedoch immer mit Deinem Hausarzt über Dein Vorhaben sprechen. Das zyklische Essen während des Intervallfastens ist alleine durch die Evolution perfekt für alle Menschen geeignet.

Es gibt jedoch eine kleine Zielgruppe, die nicht nach dieser Methode, und wahrscheinlich auch keine andere Diät durchführen sollte. Für Kinder, die sich im Wachstum befinden, eignen sich die langen Essenspausen nicht. Auch Schwangere und Stillende Mütter sollten während dieser Periode auf eine Diät verzichten.

Auch wenn Du unter einem sehr niedrigen Blutdruck leidest, musst Du die Diät im Vorfeld mit Deinem Arzt oder Heilpraktiker besprechen. Da das Intervallfasten zu einem Absenken des Blutdrucks führt, können so eventuell Probleme entstehen. Auch wenn Du Diabetiker bist und Medikamente einnimmst, die den Blutzucker regulieren, ist eine Diät immer nur unter ärztlicher Aufsicht durchzuführen. Gerade in diesem Fall darfst Du auch auf keinen Fall verabsäumen, den Blutzuckerspiegel engmaschig zu kontrollieren.

Warum manche Diäten einfach nicht funktionieren

Gerade wenn Du schon viele Diäten hinter Dir hast, kann es sein, dass Dein Stoffwechsel schon absolut im Keller ist. Auch hier können die langen Pausen zwischen den Mahlzeiten helfen, den Stoffwechsel wieder in Schwung zu bringen. Zusätzlich solltest Du darauf achten, viele Lebensmittel zu verwenden, die den Stoffwechsel zusätzlich pushen.

In unseren Rezepten achten wir darauf, dass viele Gewürze und Kräuter verwendet werden, die sich positiv auf den Stoffwechsel auswirken. Dazu zählen Chili, Cayenne Pfeffer, Ingwer, Kurkuma, Zimt, Nelkenpulver, Piment, Curry und die breite Palette an Kräutern, die in unseren Gärten wachsen. Außerdem ist es wichtig, dass Du Deinen Salzkonsum reduzierst. Anstatt des gewöhnlichen Tafelsalzes solltest Du hochwertiges Steinsalz, Meersalz oder Himalaya Salz verwenden. Auch bei Ölen solltest Du immer zu guter Qualität greifen. Ob Olivenöl, Sesamöl, Walnussöl oder Sonnenblumenöl - diese Öle sorgen nicht nur für Abwechslung in Deinen Mahlzeiten, sondern versorgen den Körper auch mit wichtigen Vitaminen, Mineralstoffen und essentiellen Fettsäuren.

Auch ist es wichtig, dass Du Dich nie einseitig ernährst. Dein Körper benötigt Vitamine satt. In allen unseren Rezepten wird viel Obst, Gemüse, Nüsse, Kerne und mehr verwendet. Dadurch kommt es auch niemals zu Mangelerscheinungen.

Rezepte für die 5:2 Diät (12 Wochen Programm)

Erinnere Dich, bei dieser Variante wird an 5 Tagen pro Woche gegessen und an 2 Tagen pro Woche gefastet.

Während der Fasttage darfst Du pro Tag lediglich 500 kcal beziehungsweise 600 kcal zu Dir nehmen.

Außerdem sollte die Ernährung Eiweiß haltig sein und es muss auf Zucker, Weißmehl-Produkte, Süßigkeiten und Limonaden vermehrt verzichtet werden.

Unser Diätplan für Dich erstreckt sich über 12 Wochen und wir haben Dir abwechslungsreiche Rezepte für Deine Diät-Tage vorbereitet.

1. Woche

Frühstück: **Joghurt Shake**

Kalorien: 111,8 kcal | Eiweiß: 8 Gramm | Fett: 6 Gramm | Kohlenhydrate: 5,5 Gramm

Für eine Portion benötigst Du:

80 Gramm Joghurt | 1 EL Frischkäse | 1 Espresso mit 40 ml | 1 TL Mandelmus | etwas Süßstoff

Zubereitung:

1. Alle Zutaten mit dem Mixer verrühren und nach Wunsch gut gekühlt oder auch warm genießen.

Notizen:

Abendessen: **Gemüsepfanne**

Kalorien: 116 kcal | Eiweiß: 5,1 Gramm | Fett: 5,5 Gramm | Kohlenhydrate: 10,7 Gramm

Für eine Portion benötigst Du:

1/2 rote Zwiebel | 1 TL Olivenöl | 1 Champignon | 40 Gramm Kohlrabi | 40 Gramm Blumenkohl | 1/2 Möhre gelb | 30 Gramm Zuckerschoten | etwas Majoran | 1 Prise Anis gemahlen | Salz und Pfeffer | 100 ml Gemüsebrühe

Zubereitung:

1. Die Zwiebel klein schneiden und im Olivenöl goldbraun anbraten.
2. Das Gemüse klein schneiden, in die Pfanne geben und mit der Brühe aufgießen.
3. Mit Salz und Pfeffer würzen und mit Majoran abschmecken.
4. Für 7 Minuten köcheln lassen und anrichten.

Als Zwischenmahlzeit kannst Du am heutigen Tag einen Apfel und eine Banane essen. Alternativ ist auch ein Becher Joghurt mit einem TL Weizenkleie möglich. Männer können alle drei Alternativen verzehren.

Notizen:

Frühstück: **Eiweiß Omelette**

Kalorien: 96,7 kcal | Eiweiß: 11.7 Gramm | Fett: 4,3 Gramm | Kohlenhydrate: 2,1 Gramm

Für eine Portion benötigst Du:

2 Eiklar | 1 EL Hüttenkäse | 1 TL Dill gehackt | 1 TL Butter | Salz und Pfeffer | einige Scheiben Gurke als Dekoration

Zubereitung:

1. Das Eiklar mit dem Hüttenkäse verquirlen und den Dill einrühren.
2. Die Butter in einer heißen Pfanne schmelzen lassen und das Eiklar zu einem Omelette backen.
3. Mit Salz und Pfeffer würzen, anrichten und mit einigen Scheiben Gurke garnieren.

Notizen:

Abendessen: **Gebratener Fisch**

Kalorien: 247,3 kcal | Eiweiß: 32,8 Gramm | Fett: 11,8 Gramm | Kohlenhydrate: 0,8 Gramm

Für eine Portion benötigst Du:

170 Gramm Saibling | Salz und Pfeffer | 1 Messerspitze Ingwer gerieben | etwas Abrieb einer unbehandelten Bio Zitrone | 1 EL Kerbel gehackt | 1 TL Butter

Zubereitung:

1. Den Fisch mit Salz, Pfeffer und Ingwer würzen und mit dem Abrieb der Zitrone aromatisieren.
2. In einer heißen Pfanne in der Butter von jeder Seite für drei Minuten braten, anrichten und mit Kerbel bestreuen.
3. Frauen essen dazu eine kleine gekochte Kartoffel, Männer dürfen sich drei kleine Salzkartoffeln gönnen.

Du kannst als Zwischenmahlzeit einen Pfirsich essen.

Notizen:

2. Woche

Frühstück: **Avocado mit Frischkäse**

Kalorien: 116,6 kcal | Eiweiß: 4,2 Gramm | Fett: 7,9 Gramm | Kohlenhydrate: 6,2 Gramm

Für eine Portion benötigst Du:

50 Gramm Avocado | etwas Limettensaft | 1 EL Frischkäse | 1 Prise Kakao doppelt entölt | eine Prise Himalaya Salz

Zubereitung:

1. Alle Zutaten mit dem Mixer zu einer glatten Creme verrühren.
2. Du kannst die Avocado auch mit der Gabel zerdrücken und die restlichen Zutaten mit dem Schneebesen einarbeiten.

Notizen:

Abendessen: **Spitzkohl mit Tofu**

Kalorien: 137,8 kcal | Eiweiß: 7,9 Gramm | Fett: 8,6 Gramm | Kohlenhydrate: 6,2 Gramm

Für eine Portion benötigst Du:

100 Gramm Spitzkohl | 2 Knoblauchzehen | 1 TL Sesamöl | 1/2 Paprika grün | 50 Gramm Tofu | 100 ml Brühe | 1 Prise Kümmel gemahlen | Salz und Pfeffer | 1 EL saure Sahne | 1 EL Schnittlauch

Zubereitung:

1. Den Spitzkohl und den Knoblauch klein schneiden und im Sesamöl anbraten.
2. Paprika und Tofu ebenfalls klein schneiden und hinzu geben.
3. Mit der Brühe aufgießen und mit Kümmel, Salz und Pfeffer würzen.
4. Für 6 Minuten köcheln lassen, die saure Sahne einrühren, anrichten und mit Schnittlauch bestreuen.

Als Zwischenmahlzeit kannst Du eine Scheibe Vollkornbrot mit 1 TL Butter und einer Scheibe Käse essen. Männer dürfen sich zwei Scheiben gönnen.

Notizen:

____

____

____

____

____

____

Frühstück: **Beeren-Kefir mit Weizenkleie**

Kalorien: 84,1 kcal | Eiweiß: 5,4 Gramm | Fett: 2,1 Gramm | Kohlenhydrate: 10,2 Gramm

Für eine Portion benötigst Du:

10 Gramm Heidelbeeren | 20 Gramm Himbeeren | 30 Gramm Brombeeren | 1 EL Weizenkleie | 100 Gramm Kefir | 1 Prise Himalaya Salz | Süßstoff nach Bedarf

Zubereitung:

1. Den Kefir mit der Weizenkleie und dem Salz verrühren und nach Bedarf süßen.
2. Die Beeren unterheben und genießen.

Als Zwischenmahlzeit kannst am Nachmittag eine Scheibe Vollkornzwieback mit einem TL Creme Fraiche und einem TL Diät Marmelade naschen. Männer dürfen sich davon eine zweite Scheibe genehmigen.

Notizen:

Abendessen: **Garnelen mit Staudensellerie**

Kalorien: 239,8 kcal | Eiweiß: 32,9 Gramm | Fett: 9,2 Gramm | Kohlenhydrate: 4,2 Gramm

Für eine Portion benötigst Du:

1 Stange Staudensellerie | 1/2 rote Zwiebel | 1 Messerspitze Ingwer gerieben | 1 TL Haselnuss Öl | 10 Gramm Sardellen | 150 Gramm Garnelen | 1 Spritzer Limettensaft | 1 EL Estragon gehackt | Salz und Pfeffer

Zubereitung:

1. Den Staudensellerie und die Zwiebel klein schneiden und zusammen mit dem Ingwer im Haselnuss Öl anbraten.
2. Mit den Sardellen abschmecken und die Garnelen hinzugeben.
3. Mit Limettensaft ablöschen und für 5 Minuten braten.
4. Mit Salz und Pfeffer abschmecken, anrichten und mit Estragon bestreuen.

Notizen:

3. Woche

Frühstück: **Low Carb Pfannkuchen**

Kalorien: 140 kcal | Eiweiß: 13,4 Gramm | Fett: 6,5 Gramm | Kohlenhydrate: 5,8 Gramm

Für eine Portion benötigst Du:

50 ml Mandelmilch | 1 Ei | 1 EL Mandelmehl | 1 EL Quark | 1/2 Kiwi | 1 Spritzer Süßstoff

Zubereitung:

1. Die Mandelmilch mit dem Ei und dem Mandelmehl zu einem Pfannkuchen-Teig glatt rühren und dezent mit Süßstoff abschmecken.
2. In einer beschichteten Pfanne zu einem Pfannkuchen backen.
3. Mit Quark bestreichen mit der Kiwi belegen und genießen.

Notizen:

Abendessen: **Rahmgemüse mit Spiegelei**

Kalorien: 222,6 kcal | Eiweiß: 9 Gramm | Fett: 16,8 Gramm | Kohlenhydrate: 7,2 Gramm

Für eine Portion benötigst Du:

50 Gramm Möhren | 50 Gramm Schwarzwurzeln | 3 braune Champignons | 1 TL Butter | 1 EL Zitronensaft | 50 ml Brühe | 50 ml Sahne mit 20% Fett | Salz und Pfeffer | 1 Prise Kreuzkümmel | 1 Ei | etwas Oregano

Zubereitung:

1. Möhren, Schwarzwurzeln und Champignons klein schneiden und in der Butter goldbraun anbraten.
2. Mit dem Zitronensaft ablöschen und mit der Brühe aufgießen.
3. Für 6 Minuten köcheln lassen, mit der Sahne verfeinern und mit Salz, Pfeffer, Kreuzkümmel und Oregano würzen.

Am Nachmittag kannst Du einen Pfannkuchen essen, den Du mit etwas pikantem Quark bestreichst. Männer dürfen davon zwei Stück essen.

Notizen:

Frühstück: **Gebratene Schinken-Rollen**

Kalorien: 156,1 kcal | Eiweiß: 22,5 Gramm | Fett: 5,9 Gramm | Kohlenhydrate: 2,1 Gramm

Für eine Portion benötigst Du:

4 Scheiben Schinken | 1 EL Paprika fein gewürfelt | 1 Kaper fein gehackt | 1 EL Frischkäse | Salz und Pfeffer | 1 TL Olivenöl

Zubereitung:

1. Paprika, Kaper und Frischkäse verrühren und mit Salz und Pfeffer abschmecken.
2. Den Schinken damit bestreichen und einrollen.
3. Die Röllchen im Olivenöl für je eine Minute pro Seite knusprig braten.

Am Nachmittag darfst Du Dir eine Birne gönnen. Männer lassen sich zusätzlich einen Apfel schmecken.

Notizen:

Abendessen: **Pute gegrillt mit Spargel**

Kalorien: 195,3 kcal | Eiweiß: 39,1 Gramm | Fett: 1,9 Gramm | Kohlenhydrate: 4,2 Gramm

Für eine Portion benötigst Du:

150 Gramm Putenbrust | Salz und Pfeffer | 1 Messerspitze Paprikapulver scharf | 1 Messerspitze Ingwerpulver | 80 Gramm grüner Thai Spargel | 1 kleine rote Zwiebel | 1 Chili | 1 TL Sojasauce | 50 ml Brühe

Zubereitung:

1. Das Fleisch salzen, pfeffern und mit Paprika und Ingwer würzen.
2. In einer beschichteten Pfanne von beiden Seiten für je 2 Minuten anbraten.
3. Den Spargel in 2 cm große Stücke schneiden, die Zwiebel in Streifen schneiden und die Chili hacken.
4. Alles zum Fleisch geben und für 2 Minuten mitrösten.
5. Mit der Brühe aufgießen, kurz simmern lassen, mit Sojasauce abschmecken und anrichten.

Notizen:

4. Woche

Frühstück: **Roastbeef mit Frischkäse**

Kalorien: 178,5 kcal | Eiweiß: 19,2 Gramm | Fett: 9,6 Gramm | Kohlenhydrate: 2,6 Gramm

Für eine Portion benötigst Du:

80 Gramm Roastbeef | 1 EL Creme Fraiche | 1/2 TL frisch geriebener Meerrettich | 1 TL Petersilie gehackt | Salz und Pfeffer | 1/2 Tomate

Zubereitung:

1. Die Creme Fraiche mit dem Meerrettich, der Petersilie und der fein gewürfelten Tomate verrühren und mit Salz und Pfeffer abschmecken.
2. Zusammen mit dem Roastbeef anrichten.

Am Nachmittag kannst Du 40 Gramm getrocknete Aprikosen essen. Für Männer ist die doppelte Menge an Aprikosen erlaubt.

Notizen:

Abendessen: **Gefüllte Tomaten mit Buchweizen**

Kalorien: 153,1 kcal | Eiweiß: 12,1 Gramm | Fett: 7,3 Gramm | Kohlenhydrate: 16,9 Gramm

Für eine Portion benötigst Du:

20 Gramm Buchweizen geschrotet | 30 Gramm Hühnerbrust | 30 ml Gemüsebrühe | 15 Gramm Schafskäse | 1 EL Schnittlauch | Salz und Pfeffer | etwas Kardamom | 1 große Fleischtomate

Zubereitung:

1. Den Buchweizen mit der fein gewürfelten Hühnerbrust und der Brühe vermengen.
2. Den Schafskäse zerkrümeln und gemeinsam mit dem Schnittlauch unterrühren.
3. Mit Salz, Pfeffer und Kardamom würzen.
4. Die Fleischtomate halbieren, vorsichtig aushöhlen und mit der Masse befüllen.
5. In eine kleine feuerfeste Form geben und bei 180° Celsius für 15 Minuten backen.

Notizen:

Frühstück: **Rührei mit Kräuter**

Kalorien: 189,6 kcal | Eiweiß: 12,5 Gramm | Fett: 13,8 Gramm | Kohlenhydrate: 2,4 Gramm

Für eine Portion benötigst Du:

2 Eier | 1 EL Joghurt | 1 Prise Bockshornklee gemahlen | 1 TL Butter | 1 EL Kräuter nach Wahl | Salz und Pfeffer

Zubereitung:

1. Die Eier mit dem Joghurt verquirlen und mit Bockshornklee, Salz und Pfeffer abschmecken.
2. In der Butter zu einem Rührei verarbeiten.
3. Mit den Kräutern verrühren und anrichten.

Notizen:

Abendessen: **Faschierte Pfanne**

Kalorien: 300,1 kcal | Eiweiß: 35,5 Gramm | Fett: 13,2 Gramm | Kohlenhydrate: 7,7 Gramm

Für eine Portion benötigst Du:

150 Gramm Geflügel Hackfleisch | 1 Knoblauchzehe | 1 EL Öl | 40 Gramm Lauch | 1/2 Stange Staudensellerie | 1 Messerspitze Ingwer | 1 Messerspitze Kurkuma gemahlen | etwas Oregano | Salz und Pfeffer | 1 EL Apfelessig | 20 ml Sahne

Zubereitung:

1. Den Knoblauch fein hacken und zusammen mit dem Hackfleisch im Öl goldbraun abraten.
2. Lauch und Staudensellerie in Ringe schneiden und hinzugeben.
3. Mit Ingwer, Kurkuma, Oregano, Salz und Pfeffer würzen.
4. Mit dem Apfelessig ablöschen und mit der Sahne aufgießen.
5. Für 5 Minuten köcheln lassen und anrichten.

Notizen:

5. Woche

Frühstück: **Grüner Smoothie**

Kalorien: 53,8 kcal | Eiweiß: 4,9 Gramm | Fett: 0,5 Gramm | Kohlenhydrate: 7 Gramm

Für eine Portion benötigst Du:

50 Gramm Blattspinat frisch | 1/2 kernlose Orange filetiert | 150 ml grüner Tee | 1 Prise Himalaya Salz | 1 Prise Kardamom

Zubereitung:

1. Alle Zutaten in den Mixer geben und zu einem gesunden Smoothie mixen.

Notizen:

Abendessen: **Steak mit Salat**

Kalorien: 409,1 kcal | Eiweiß: 45,3 Gramm | Fett: 16,4 Gramm | Kohlenhydrate: 16,4 Gramm

Für eine Portion benötigst Du:

200 Gramm Rinderfilet | Salz und Steakpfeffer | 50 Gramm Feldsalat | 1 gekochte Kartoffel | 1/2 Chicoree | 1 EL Balsamico dunkel | 1 EL Walnuss Öl | 20 Gramm Himbeeren

Zubereitung:

1. Das Fleisch in einer Grillpfanne ohne Fett von beiden Seiten für 3 Minuten braten, salzen und pfeffern und je nach gewünschte Garstufe nachziehen lassen.
2. Den Feldsalat zupfen, den Chicoree und die Kartoffel klein schneiden, vermengen und mit Essig und Öl marinieren.
3. Zum Fleisch anrichten und zuletzt vorsichtig die Himbeeren unterheben.

Notizen:

Frühstück: **Gemüse mit Dip**

Kalorien: 133,2 kcal | Eiweiß: 4,5 Gramm | Fett: 9,6 Gramm | Kohlenhydrate: 6,2 Gramm

Für eine Portion benötigst Du:

30 Gramm Möhre | 1/2 Stange Staudensellerie | 30 Gramm Gurke | 1 EL Creme Fraiche | 1 EL Joghurt | 1 EL Sonnenblumenkerne gehackt und geröstet | Salz und Pfeffer | etwas Minze gehackt

Zubereitung:

1. Das Gemüse in Sticks schneiden.
2. Die Creme Fraiche mit dem Joghurt und den Sonnenblumenkernen vermengen und mit Salz, Pfeffer und Minze abschmecken.
3. Zusammen mit dem Gemüse anrichten.
4. Du kannst das Gemüse auch fein würfeln, untermengen und die Creme als Gemüse-Joghurt löffeln.

Notizen:

Abendessen: **Fisch-Ragout**

Kalorien: 356,1 kcal | Eiweiß: 40,4 Gramm | Fett: 8,9 Gramm | Kohlenhydrate: 27,9 Gramm

Für eine Portion benötigst Du:

130 Gramm Seelachs Filet | 50 Gramm Tintenfisch | 100 Gramm Tomaten stückig | 2 Schalotten | 40 Gramm Zucchini | 40 Gramm Fenchel | 40 Gramm Kürbis | 1/2 Kartoffel | 1 EL Weißwein Essig | 10 Gramm Bärlauch gehackt | etwas Salz | Cayenne Pfeffer | 1 EL Sauerrahm

Zubereitung:

1. Alle Zutaten klein schneiden und zusammen in einen Topf geben.
2. Bei kleiner Hitze für 20 Minuten köcheln lassen.
3. Bei Bedarf etwas Wasser hinzugeben.

Notizen:

6. Woche

Frühstück: **Rührei mit Tofu**

Kalorien: 228,5 kcal | Eiweiß: 14,6 Gramm | Fett: 15,3 Gramm | Kohlenhydrate: 6,3 Gramm

Für eine Portion benötigst Du:

1/4 Paprika rot | 30 Gramm Tofu | 1 Messerspitze Paprikapulver geräuchert | 1 TL Butter | 2 Eier | 1 Frühlingszwiebel

Zubereitung:

1. Paprika und Tofu fein würfeln und mit dem Paprikapulver marinieren.
2. In der Butter anbraten.
3. Das Ei verquirlen, darüber gießen und zu einem Rührei stocken lassen.
4. Kurz vor Ende die Frühlingszwiebel fein hacken und unterheben.

Notizen:

Abendessen: **Geschnetzeltes vom Huhn mit Pilzen**

Kalorien: 251,8 kcal | Eiweiß: 37,3 Gramm | Fett: 9 Gramm | Kohlenhydrate: 3,7 Gramm

Für eine Portion benötigst Du:

150 Gramm Hühnerbrust | 1/2 rote Zwiebel | 60 Gramm Austernpilze | 20 Gramm Blumenkohl | 1 TL Butter | Saft einer halben Zitrone | 100 ml Brühe | Salz und Pfeffer | etwas Kreuzkümmel | 1 EL Liebstöckel gehackt | 2 EL Sauerrahm

Zubereitung:

1. Das Fleisch und die Zwiebel würfeln, die Austernpilze und den Blumenkohl in mundgerechte Stücke schneiden und alles zusammen in der Butter anbraten.
2. Mit dem Zitronensaft ablöschen und mit der Brühe aufgießen.
3. Für 8 Minuten köcheln lassen, mit Salz, Pfeffer, Kreuzkümmel und Liebstöckel abschmecken, den Sauerrahm einrühren und anrichten.

Notizen:

Frühstück: **Exotischer Ayurveda Smoothie**

Kalorien: 107,3 kcal | Eiweiß: 2,4 Gramm | Fett: 3,6 Gramm | Kohlenhydrate: 15,5 Gramm

Für eine Portion benötigst Du:

150 ml Mandelmilch | 30 Gramm Mango | 5 Gramm Ingwer | 5 Gramm Kurkuma | 1 Prise Muskat | 1 Prise Himalaya Salz | 1/2 TL Honig

Zubereitung:

1. Alle Zutaten in den Mixer geben und etwa für 3 Minuten gut mixen.
2. Du kannst den Shake auch gerne eisgekühlt genießen.

Notizen:

Abendessen: **Asiatische Nudelpfanne**

Kalorien: 372,6 kcal | Eiweiß: 34,1 Gramm | Fett: 15,7 Gramm | Kohlenhydrate: 21,1Gramm

Für eine Portion benötigst Du:

120 Gramm Schweinefilet | 1 TL Sesamöl | 1/2 Paprika gelb | 2 Pak Choi | 1 Frühlingszwiebel | 80 Gramm Ramen Nudeln Buchweizen | 100 ml Brühe | 1 Messerspitze Ingwerpulver | 1 Messerspitze Chili gemahlen | 1 EL Sojasauce hell | 1 TL Erdnüsse gehackt und geröstet

Zubereitung:

1. Das Fleisch würfeln und im Sesamöl anbraten.
2. Paprika, Pak Choi und Frühlingszwiebel klein schneiden und hinzugeben.
3. Mit der Brühe aufgießen und die Ramen Nudeln einlegen.
4. Für 6 Minuten im Sud garen lassen und gut durchrühren.
5. Mit Ingwer, Chili und Sojasauce abschmecken, anrichten und mit den Erdnüssen bestreuen.

Notizen:

7. Woche

Frühstück: **Eiweißbrot mit Schinken**

Kalorien: 185,2 kcal | Eiweiß: 13 Gramm | Fett: 12,4 Gramm | Kohlenhydrate: 3,7 Gramm

Für eine Portion benötigst Du:

1 Scheibe Eiweißbrot | 1 EL Kräuter Frischkäse | 2 Blatt Salbei fein gehackt | 2 Scheiben Schinken | 2 Scheiben Gurken

Zubereitung:

1. Das Brot mit dem Frischkäse bestreichen, mit dem Salbei bestreuen, mit dem Schinken belegen und mit den Gurken garnieren.

Notizen:

Abendessen: **Leichte Gemüsesuppe**

Kalorien: 287,9 kcal | Eiweiß: 7 Gramm | Fett: 12,3 Gramm | Kohlenhydrate: 35,2 Gramm

Für eine Portion benötigst Du:

50 Gramm Möhren | 40 Gramm Kohlrabi | 1 Kartoffel | 150 ml Brühe | 20 Gramm Hirse | 1 Lorbeerblatt | Salz und Pfeffer | etwas Muskat gemahlen | 50 ml Sahne | 1 TL Schnittlauch

Zubereitung:

1. Das Gemüse klein würfeln und zusammen mit der Hirse und dem Lorbeerblatt für 10 Minuten in der Brühe köcheln.
2. Mit Salz, Pfeffer und Muskat abschmecken, das Lorbeerblatt herausnehmen und die Sahne einrühren.
3. Einmal aufkochen lassen, anrichten und mit Schnittlauch bestreuen.

Notizen:

Frühstück: **Schokoladen Joghurt**

Kalorien: 81,8 kcal | Eiweiß: 6,7 Gramm | Fett: 1 Gramm | Kohlenhydrate: 10,9 Gramm

Für eine Portion benötigst Du:

150 Gramm Joghurt | 1/2 TL doppelt entölter Kakao | 1 Prise Zimt | 1 kleine Prise Himalaya Salz | 1 Feige | 2 Blatt Melisse | Süßstoff nach Bedarf

Zubereitung:

1. Das Joghurt mit dem Kakao gut verrühren und mit Zimt, Süßstoff und Salz abschmecken.
2. Anrichten und mit der in Spalten geschnittenen Feige und der Melisse garnieren.

Notizen:

Abendessen: **Rindfleisch mit grünen Bohnen**

Kalorien: 396,2 kcal | Eiweiß: 43 Gramm | Fett: 15,5 Gramm | Kohlenhydrate: 18,4 Gramm

Für eine Portion benötigst Du:

150 Gramm Rindersteak | 1 rote Zwiebel | 1 Knoblauchzehe | 2 EL Speck gewürfelt | 1 EL Olivenöl | 1 EL Balsamico Essig dunkel | 2 EL Sojasauce | 100 Gramm grüne Bohnen | 100 ml Brühe | etwas Chili

Zubereitung:

1. Das Fleisch in Streifen schneiden, Zwiebel und Knoblauch hacken und zusammen mit dem Speck im Olivenöl anbraten.
2. Mit dem Essig und der Sojasauce ablöschen.
3. Die Bohnen hinzugeben und mit der Brühe aufgießen.
4. Für 6 Minuten köcheln lassen und mit etwas Chili würzen.

Notizen:

8. Woche

Frühstück: **Ei mit Creme Fraiche**

Kalorien: 148,3 kcal | Eiweiß: 8,2 Gramm | Fett: 10,8 Gramm | Kohlenhydrate: 3,4 Gramm

Für eine Portion benötigst Du:

1 Ei | 1 TL Creme Fraiche | 1 Prise Salz | 1/2 Passionsfrucht

Zubereitung:

1. Alle Zutaten verquirlen, in eine kleine feuerfeste Form geben und im Backofen bei 200° Celsius für 6 Minuten backen.

Notizen:

Abendessen: **Indisches Curry**

Kalorien: 348,5 kcal | Eiweiß: 30,9 Gramm | Fett: 19,4 Gramm | Kohlenhydrate: 9,4 Gramm

Für eine Portion benötigst Du:

50 ml Brühe | 50 ml Kokosmilch | 50 ml Sahne | 1 TL Currypaste gelb | 1 Messerspitze Ingwer gemahlen | 120 Gramm Hühnerbrust | 50 Gramm Brokkoli | 50 Gramm Blumenkohl | etwas Sojasauce | 1 TL Koriander gehackt

Zubereitung:

1. Die Brühe mit der Kokosmilch und der Sahne aufkochen und die Currypaste mit einem Schneebesen darin auflösen.
2. Mit Ingwer würzen und die in Streifen geschnittene Hühnerbrust dazu geben.
3. Brokkoli und Blumenkohl in kleine Rosen teilen, hinzu geben und alles für 10 Minuten köcheln lassen.
4. Mit Sojasauce abschmecken, anrichten und mit Koriander garnieren.

Notizen:

Frühstück: **Beeren Shake**

Kalorien: 78,2 kcal | Eiweiß: 5,4 Gramm | Fett: 1,1 Gramm | Kohlenhydrate: 11,2 Gramm

Für eine Portion benötigst Du:

150 ml Buttermilch | 30 Gramm Brombeeren | 30 Gramm Blaubeeren | 1 Prise Anis gemahlen | 1 kleine Prise Himalaya Salz | Süßstoff nach Bedarf

Zubereitung:

1. Alle Zutaten in den Mixer geben und zu einem cremigen Shake mixen.
2. Erst vor dem Genießen mit Süßstoff abschmecken, da die Beeren viel Eigensüße haben.

Notizen:

Abendessen: **Gebratener Reis mit Huhn und Ei**

Kalorien: 410,7 kcal | Eiweiß: 30,7 Gramm | Fett: 15,9 Gramm | Kohlenhydrate: 34,3 Gramm

Für eine Portion benötigst Du:

100 Gramm Hühnerbrust | 30 Gramm Möhren | 1 TL Currypaste grün | 1 TL Öl | 1 Ei | 1 Tasse Naturreis gekocht | 2 EL Kokosmilch | Salz und Pfeffer | 1 Frühlingszwiebel

Zubereitung:

1. Die Hühnerbrust und die Möhren klein schneiden und zusammen mit der grünen Currypaste im Öl anbraten.
2. Alles gut verrühren und an den Rand schieben.
3. Das Ei einschlagen, gut stocken lassen, zerreißen und unter das Fleisch mengen.
4. Den gekochten Reis hinzugeben, kurz anbraten und mit Kokosmilch verfeinern.
5. Mit Salz und Pfeffer abschmecken, anrichten und mit der fein gehackten Frühlingszwiebel garnieren.

Notizen:

9. Woche

Frühstück: **Tomate mit Brennnessel-Frischkäse**

Kalorien: 111,3 kcal | Eiweiß: 10,2 Gramm | Fett: 5,1 Gramm | Kohlenhydrate: 5,3 Gramm

Für eine Portion benötigst Du:

5 Cherry Tomaten | 1 EL Frischkäse | 1 Knoblauchzehe | 1 EL Brennnessel fein gehackt | 1 gekochtes Ei | Salz und Pfeffer

Zubereitung:

1. Die Tomaten vierteln. Den Frischkäse mit dem fein gehackten Knoblauch und den Brennnesseln verrühren.
2. Das Ei hacken und unterrühren. Mit Salz und Pfeffer abschmecken, anrichten und mit den Tomaten garnieren.

Notizen:

Abendessen: **Rucola, Parmaschinken und Goji Beeren**

Kalorien: 360,1 kcal | Eiweiß: 23,2 Gramm | Fett: 22,2 Gramm | Kohlenhydrate: 14,2 Gramm

Für eine Portion benötigst Du:

50 Gramm Rucola | 60 Gramm Parma Schinken | 1/2 Paprika gelb | 5 grüne Oliven ohne Stein | 1 EL Apfelessig naturtrüb | 1 EL Olivenöl | Salz und Pfeffer | 50 Gramm Ricotta | 2 EL Goji Beeren

Zubereitung:

1. Den Rucola mit dem in Streifen geschnittenen Schinken, der gewürfelten Paprikaschote, den geviertelten Oliven, Essig und Öl vermengen.
2. Mit Salz und Pfeffer abschmecken, anrichten und mit Ricotta und Goji Beeren garnieren.

Notizen:

Frühstück: **Moringa Quark**

Kalorien: 206,2 kcal | Eiweiß: 21,9 Gramm | Fett: 0,7 Gramm | Kohlenhydrate: 26,7 Gramm

Für eine Portion benötigst Du:

150 Gramm Quark | 1 TL Moringa Pulver | 1 kleine Banane | Saft und Abrieb einer halben unbehandelten Limette | 1 Prise Himalaya Salz | Süßstoff nach Bedarf

Zubereitung:

1. Den Quark gut mit dem Moringa Pulver verrühren, die Banane in Scheiben schneiden und unterheben.
2. Mit dem Saft und Abrieb der Limette, Salz und Süßstoff abschmecken.

Notizen:

Abendessen: **Fenchel und Brokkoli in Sesam Sauce**

Kalorien: 285,2 kcal | Eiweiß: 9,4 Gramm | Fett: 22,6 Gramm | Kohlenhydrate: 8,9 Gramm

Für eine Portion benötigst Du:

1/2 Fenchel | 80 Gramm Brokkoli | 2 Zweige Thymian | 1 TL Sesamöl | Salz und Pfeffer | 50 ml Sahne | 80 ml Brühe | 1 EL Tahini | 1 Prise Nelkenpulver | etwas Petersilie gehackt

Zubereitung:

1. Den Fenchel und den Brokkoli klein schneiden und zusammen mit dem Thymian im Sesamöl anbraten.
2. Mit Salz und Pfeffer würzen und mit Sahne und Brühe aufgießen.
3. Die Tahini Paste gut einrühren und alles für 5 Minuten köcheln lassen.
4. Mit Nelkenpulver verfeinern, die Petersilie einrühren und anrichten.

Notizen:

10. Woche

Frühstück: **Skyr mit Matcha**

Kalorien: 145,7 kcal | Eiweiß: 14,7 Gramm | Fett: 4,6 Gramm | Kohlenhydrate: 10,4 Gramm

Für eine Portion benötigst Du:

100 Gramm Skyr | 1 EL Frischkäse | 1 TL Matcha Pulver | 1/4 grüner Apfel fein gerieben | 1 Spritzer Süßstoff

Zubereitung:

1. Den Skyr mit dem Frischkäse und dem Matcha gut verrühren und den geraspelten Apfel unterheben.
2. Mit Süßstoff nach Bedarf abschmecken.

Notizen:

Abendessen: **Spinat mit Pinienkernen**

Kalorien: 330 kcal | Eiweiß: 34 Gramm | Fett: 17,4 Gramm | Kohlenhydrate: 7 Gramm

Für eine Portion benötigst Du:

80 Gramm Hühnerbrust | 1 Schalotte | 1 TL Butter | 100 Gramm Blattspinat | 2 EL Hüttenkäse | Salz und Pfeffer | 1 Messerspitze Kardamom gemahlen | 2 EL Pinienkerne geröstet | 1/2 TL Parmesan

Zubereitung:

1. Die Hühnerbrust würfeln und zusammen mit der gehackten Schalotte in der Butter anbraten.
2. Den Blattspinat hinzugeben, für 3 Minuten zusammenfallen lassen und den Hüttenkäse einrühren.
3. Mit Salz, Pfeffer und Kardamom abschmecken und für weitere 2 Minuten köcheln lassen.
4. Anrichten und mit Pinienkernen und Parmesan bestreuen.

Notizen:

Frühstück: **Spiegelei mit Paprika und Parmesan**

Kalorien: 172,6 kcal | Eiweiß: 9,5 Gramm | Fett: 12,6 Gramm | Kohlenhydrate: 4,1 Gramm

Für eine Portion benötigst Du:

1 Ei | je 1/4 Paprika rot und grün | 1 TL Öl | etwas Oregano | Salz und Pfeffer | 1 TL Parmesan frisch gehobelt

Zubereitung:

1. Den Paprika fein würfeln, das Ei im Öl zu einem Spiegelei braten und mit dem Paprika bedecken.
2. Salzen, pfeffern, mit Oregano aromatisieren, anrichten und mit Parmesan bestreuen.

Notizen:

Abendessen: **Schweinefilet mit Kürbis**

Kalorien: 322 kcal | Eiweiß: 40 Gramm | Fett: 8,1 Gramm | Kohlenhydrate: 20,1 Gramm

Für eine Portion benötigst Du:

150 Gramm Schweinefilet | 80 Gramm Hokkaido Kürbis | 1/2 Apfel | 1 EL Frischkäse | 1 TL Kürbiskerne gehackt | etwas Thymian frisch | Salz und Pfeffer

Zubereitung:

1. Das Schweinefilet in einer Grillpfanne ohne Öl rundherum anbraten.
2. Kürbis und Apfel klein schneiden und in eine Auflaufform legen.
3. Das Schweinefilet darauf geben und mit Frischkäse und Kürbiskernen bedecken.
4. Mit Thymian, Salz und Pfeffer würzen und im Backofen für 10 Minuten bei 200° Celsius backen.

Notizen:

11. Woche

Frühstück: Gebratener Speck mit Dip

Kalorien: 221,6 kcal | Eiweiß: 13,8 Gramm | Fett: 16,9 Gramm | Kohlenhydrate: 1,9 Gramm

Für eine Portion benötigst Du:

60 Gramm Bacon in Scheiben | 1 Prise Chilipulver | 1 Prise Zimt | 1 EL Sauerrahm | 1 EL Cheddar fein gerieben

Zubereitung:

1. Den Bacon auf ein Backblech legen und mit Chili und Zimt würzen.
2. Mit dem Sauerrahm bestreichen und mit dem Cheddar bestreuen.
3. Im Backofen für 8 Minuten bei 200° Celsius backen.

Notizen:

Abendessen: **Rosenkohl Pfanne mit Tofu**

Kalorien: 272,1 kcal | Eiweiß: 14,6 Gramm | Fett: 12,8 Gramm | Kohlenhydrate: 22,8 Gramm

Für eine Portion benötigst Du:

100 Gramm Rosenkohl | 2 Knoblauchzehen | 1 Kartoffel gekocht | 50 Gramm Möhren fein geraspelt | 1 TL Butter | 80 Gramm Tofu geräuchert | 3 EL Sauerrahm | 1 EL Sauerampfer fein gehackt | Salz und Pfeffer

Zubereitung:

1. Den Rosenkohl halbieren, den Knoblauch grob hacken und die Kartoffel würfeln.
2. Zusammen mit den Möhren in der Butter goldbraun anbraten.
3. Den gewürfelten Tofu hinzugeben.
4. Mit Sauerrahm verfeinern und mit Sauerampfer, Salz und Pfeffer abschmecken.
5. Für drei Minuten leicht köcheln lassen und anrichten.

Notizen:

Frühstück: **Exotische Früchte**

Kalorien: 79,4 kcal | Eiweiß: 1,4 Gramm | Fett: 0,6 Gramm | Kohlenhydrate: 16,6 Gramm

Für eine Portion benötigst Du:

1/4 Drachenfrucht | 3 Litchi | 1/2 Kaktusbirne | 30 Gramm Papaya | Saft einer Limette

Zubereitung:

1. Das Obst klein schneiden, anrichten und mit dem Limettensaft beträufeln.

Notizen:

Abendessen: **Thunfisch mit Grapefruit**

Kalorien: 406,3 kcal | Eiweiß: 36,9 Gramm | Fett: 21,1 Gramm | Kohlenhydrate: 14,6 Gramm

Für eine Portion benötigst Du:

160 Gramm Thunfisch | 1/2 rote Zwiebel | 1 TL Kokosöl | 1/2 Grapefruit kernlos und filetiert | Salz und Pfeffer | 1 Chicoree | 1 EL Macadamia Nüsse gehackt

Zubereitung:

1. Den Thunfisch zusammen mit der in Streifen geschnittenen Zwiebel im Kokosöl anbraten.
2. Die Grapefruit würfeln und hinzugeben. Salzen und pfeffern, den Chicoree grob hacken, in die Pfanne geben und für drei Minuten schwenken.
3. Anrichten und mit den Nüssen bestreuen.

Notizen:

12. Woche

Frühstück: **Haferkleie Pfannkuchen**

Kalorien: 182,8 kcal | Eiweiß: 13,4 Gramm | Fett: 8 Gramm | Kohlenhydrate: 13 Gramm

Für eine Portion benötigst Du:

2 EL Haferkleie | 1 Eigelb | 2 EL Quark | 1 Spritzer Süßstoff | 2 EL Heidelbeeren

Zubereitung:

1. Alle Zutaten im Mixer zu einem glatten Teig pürieren und für 5 Minuten quellen lassen.
2. In einer beschichteten Pfanne für knapp 2 Minuten pro Seite goldgelb backen.
3. Falls Du keine beschichtete Pfanne hast, kannst Du die Pfanne auch dünn mit etwas Öl bepinseln.

Notizen:

Abendessen: **Fisch, Tomate und Zucchini**

Kalorien: 301 kcal | Eiweiß: 37,6 Gramm | Fett: 13 Gramm | Kohlenhydrate: 6,3 Gramm

Für eine Portion benötigst Du:

1 Zucchini | 3 Cherry Tomaten | 1 TL Rosmarin fein gehackt | 180 Gramm Seelachs Filet | Salz und Pfeffer | etwas Koriander zum Bestreuen

Zubereitung:

1. Die Zucchini in Scheiben schneiden und in eine kleine Auflaufform geben.
2. Den Fisch darauf legen und mit den halbierten Tomaten und dem Rosmarin belegen.
3. Mit Salz und Pfeffer würzen und im Backofen bei 180° Celsius für 20 Minuten backen.
4. Anrichten und mit Koriander bestreuen.

Notizen:

Frühstück: **Sauermilch Shake mit Kombucha**

Kalorien: 92,1 kcal | Eiweiß: 4,8 Gramm | Fett: 3,9 Gramm | Kohlenhydrate: 8,9 Gramm

Für eine Portion benötigst Du:

100 ml Sauermilch | 50 ml Kombucha | 1 EL Weizenkleie | 1 Messerspitze Ingwer frisch gemahlen | 1 Prise Zimt | Süßstoff nach Bedarf

Zubereitung:

1. Alle Zutaten im Mixer zu einem cremigen Shake pürieren, für 5 Minuten quellen lassen, in ein Glas gießen und genießen.

Notizen:

Abendessen: **Gefüllte Kalbsrolle**

Kalorien: 400,4 kcal | Eiweiß: 34,8 Gramm | Fett: 24,4 Gramm | Kohlenhydrate: 7,6 Gramm

Für eine Portion benötigst Du:

150 Gramm Kalbsschnitzel | 1 EL Hüttenkäse | 5 schwarze Oliven ohne Stein | 30 Gramm getrocknete Tomaten | 1 TL Kerbel gehackt | Salz und Pfeffer

Zubereitung:

1. Das Fleisch dünn klopfen und mit dem Hüttenkäse bestreichen.
2. Die Oliven und die Tomaten fein hacken und auf dem Fleisch verteilen.
3. Mit Kerbel bestreuen und das Fleisch einrollen.
4. Im Backofen bei 180° Celsius für 15 Minuten garen. Salzen, pfeffern und anrichten.

Notizen:

Rezepte für die 16:8 Diät (14 Tage Programm)

Erinnere Dich, bei dieser Diät wechseln sich 16 Stunden Fastenzeit mit 8 Stunden Zeit zum Genießen ab.

Sowohl die Fastenzeit, als auch die Genuss-Zeit muss durchgehend sein. Das bedeutet, wenn Du um 10 Uhr Dein Frühstück genießt, solltest Du um 14 Uhr zu Mittag essen und um 18 Uhr mit Deinem Abendessen fertig sein. Erst am nächsten Tag ab 10 Uhr darfst Du wieder essen.

Jedes Deiner Gerichte muss mindestens zwei Powerfoods enthalten. Dazu gehören Gemüse, grünes Gemüse, Vollkorn Produkte, Beeren, Obst, Nüsse und Getreide ungeschrotet, Milchprodukte und hochwertige Eiweißquellen aus Fleisch, Fisch, Soja und Hülsenfrüchten.

1. Tag

Buttermilch Shake mit Nektarinen

Kalorien: 176,1 kcal | Eiweiß: 7,2 Gramm | Fett: 3,4 Gramm | Kohlenhydrate: 27,9 Gramm

Für eine Portion benötigst Du:

150 ml Buttermilch | 2 Nektarinen | 1 TL Sesam geröstet | 1 Prise Himalaya Salz

Zubereitung:

1. Alle Zutaten in den Mixer geben und zu einem cremigen Shake pürieren.
2. Natürlich kannst Du den Shake nach Bedarf mit etwas Süßstoff süßen.

Notizen:

Vollkorn Nudeln mit Thunfisch-Sauce

Kalorien: 413 kcal | Eiweiß: 18,7 Gramm | Fett: 11,1 Gramm | Kohlenhydrate: 57 Gramm

Für eine Portion benötigst Du:

80 Gramm Vollkorn Nudeln | 1/2 Dose Thunfisch im eigenen Saft | 1/2 rote Zwiebel | 3 Champignon | 200 ml Brühe | 50 ml Sahne mit 20% Fett | Salz und Pfeffer | 1 Prise Kardamom gemahlen | 1 EL Schnittlauch zum Bestreuen

Zubereitung:

1. Alle Zutaten in einen Topf geben und bei kleiner Hitze für 15 Minuten köcheln lassen.
2. Anrichten und mit dem Schnittlauch bestreuen.

Notizen:

Bunter Salat mit Avocado, Pinienkernen und Gurke

Kalorien: 166,8 kcal | Eiweiß: 5,6 Gramm | Fett: 11,4 Gramm | Kohlenhydrate: 9,1 Gramm

Für eine Portion benötigst Du:

1 große Tomate | 1/2 Gurke | 1/4 Avocado | 1 EL Weißwein Essig | 1 EL Joghurt | 1 EL Schnittlauch | Salz und Pfeffer | 1 EL Pinienkerne

Zubereitung:

1. Das Gemüse klein schneiden und aus Essig, Joghurt, Salz und Pfeffer eine Marinade rühren.
2. Gut vermengen, anrichten und mit Schnittlauch und Pinienkernen bestreuen.

Notizen:

2. Tag

Sesam Pancakes

Kalorien: 185,2 kcal | Eiweiß: 10,5 Gramm | Fett: 14 Gramm | Kohlenhydrate: 2,9 Gramm

Für eine Portion benötigst Du:

1 Ei | 1 EL Frischkäse | 1 EL Sesam schwarz | 1 TL Sesam hell | Süßstoff | 1 TL Butter zum Braten

Zubereitung:

1. Das Ei mit dem Frischkäse verrühren und den Sesam einarbeiten.
2. Nach Bedarf mit Süßstoff süßen und in der heißen Butter zu einem goldbraunen Pancake backen.

Notizen:

Vollkorn-Reis mit Papaya

Kalorien: 385,9 kcal | Eiweiß: 6,1 Gramm | Fett: 17,2 Gramm | Kohlenhydrate: 49,1 Gramm

Für eine Portion benötigst Du:

20 Gramm Lauch | 1/2 Stange Staudensellerie | 1 TL Kokosöl | 1 Tasse Vollkorn-Reis gekocht | 50 Gramm Papaya | 50 ml Kokosmilch | 1/2 TL 5-Spices Gewürz aus dem Asia Shop | etwas Sojasauce | Saft einer Limette

Zubereitung:

1. Den Lauch und den Staudensellerie in Scheiben schneiden und im Kokosöl gut anbraten.
2. Den Reis hinzugeben und für 2 Minuten mit braten.
3. Die Papaya in kleine Würfel schneiden und unterheben.
4. Mit der Kokosmilch verfeinern und mit 5-Spices, Sojasauce und Limettensaft abschmecken.
5. Gut durchrühren und anrichten.

Notizen:

Kichererbsen-Bällchen

Kalorien: 404 kcal | Eiweiß: 18 Gramm | Fett: 20,3 Gramm | Kohlenhydrate: 34,6 Gramm

Für eine Portion benötigst Du:

100 Gramm Kichererbsen aus der Dose | 1/2 Kartoffel gekocht | 1 Ei | 1 TL Maismehl | 1 Messerspitze Knoblauchgranulat | 1/2 TL gelbes Currypulver | Salz und Pfeffer | Öl zum Frittieren | 1 EL Frischkäse | 1 TL Ghee | 1 Prise Kardamom | 1 EL Minze gehackt

Zubereitung:

1. Die Kichererbsen zusammen mit der Kartoffel und dem Ei mit dem Stabmixer pürieren.
2. Mit dem Maismehl verkneten und mit Knoblauch, Curry, Salz und Pfeffer abschmecken.
3. Mit feuchten Händen kleine Bällchen formen und diese im heißen Öl für knapp 2 Minuten frittieren.
4. Falls der Teig zu weich ist, einfach etwas mehr Maismehl hinzugeben.
5. Die Bällchen mit einem Dip aus Frischkäse, Ghee, Kardamom und Minze servieren.

Notizen:

3. Tag

Vollkorn Toast mit Quark Aufstrich

Kalorien: 154,1 kcal | Eiweiß: 10,5 Gramm | Fett: 2,1 Gramm | Kohlenhydrate: 22,3 Gramm

Für eine Portion benötigst Du:

2 Scheiben Vollkorn Toast | 1 EL Quark | 1 Feige | etwas Pfeffer gemahlen | 1 Scheibe Parma Schinken in feine Streifen geschnitten

Zubereitung:

1. Den Toast toasten und mit Quark bestreichen.
2. Die Feige achteln und die Brote damit belegen.
3. Mit etwas frischem Pfeffer aus der Mühle würzen und mit den feinen Parmaschinken Streifen bestreuen.

Notizen:

Gemüselaibchen mit Grünkern

Kalorien: 313,3 kcal | Eiweiß: 13,6 Gramm | Fett: 16,6 Gramm | Kohlenhydrate: 25,2 Gramm

Für eine Portion benötigst Du:

1/2 Zwiebel | 30 Gramm Grünkern | 20 Gramm Möhren fein gewürfelt | 20 Gramm Petersilienwurzel fein gewürfelt | 1 TL Butter | 100 ml Brühe | 20 Gramm Gouda gerieben | 1 EL Weizenkleie | 1 Ei | Salz und Pfeffer | Oregano

Zubereitung:

1. Die Zwiebel hacken und zusammen mit dem Grünkern, den Möhren und der Petersilienwurzel in der Butter anschwitzen und mit der Brühe aufgießen.
2. Bei kleiner Hitze für 40 Minuten köcheln lassen, vom Herd nehmen und auskühlen.
3. In die kalte Masse Gouda, Weizenkleie und Ei einarbeiten und alles zu einem Teig verarbeiten.
4. Mit Salz, Pfeffer und Oregano abschmecken und mit feuchten Händen zu Laibchen formen.
5. In einer beschichteten Pfanne von beiden Seiten für etwa 2 Minuten goldbraun braten.

Notizen:

Rahmsuppe mit Haferflocken

Kalorien: 191,8 kcal | Eiweiß: 9,7 Gramm | Fett: 10,6 Gramm | Kohlenhydrate: 13 Gramm

Für eine Portion benötigst Du:

2 EL Haferflocken | 20 Gramm Pastinake fein gewürfelt | 1 TL Butter | 200 ml Brühe | 1 Ei | Salz und Pfeffer | 1 Prise Muskat gemahlen | 1 EL Schnittlauch | 1 EL Sauerrahm

Zubereitung:

1. Die Haferflocken mit der Pastinake in der Butter anschwitzen und mit der Brühe aufgießen.
2. 5 Minuten köcheln lassen, das Ei verquirlen und in die Suppe einrühren.
3. Mit Salz, Pfeffer und Muskat abschmecken, den Schnittlauch und den Sauerrahm einrühren, kurz aufkochen und anrichten.

Notizen:

4. Tag

Beeren Bowle

Kalorien: 282,4 kcal | Eiweiß: 15,8 Gramm | Fett: 12,3 Gramm | Kohlenhydrate: 25,3 Gramm

Für eine Portion benötigst Du:

2 EL Knuspermüsli | 100 Gramm Skyr | 1 Prise Himalaya Salz | 50 Gramm Beerenmix frisch oder TK | 1 EL Chia Samen | einige Blatt Basilikum

Zubereitung:

1. Den Skyr mit dem Salz verrühren und in eine Schüssel füllen.
2. Ein Drittel der Schüssel mit Knuspermüsli, ein Drittel mit Beeren und ein Drittel mit Chia Samen und fein gehackten Basilikum Blättern garnieren.
3. Du kannst den Skyr nach Bedarf auch mit etwas Süßstoff abschmecken.

Notizen:

Hühnerschnitzel in der Nusspanade

Kalorien: 381 kcal | Eiweiß: 42,1 Gramm | Fett: 19,4 Gramm | Kohlenhydrate: 6,7 Gramm

Für eine Portion benötigst Du:

130 Gramm Hühnerbrust | Salz und Pfeffer | 1 Ei | 1 EL Sauerrahm | 1 TL Maismehl | etwas Thymian getrocknet | 1 EL Walnüsse gerieben | 1 EL Haselnüsse gerieben

Zubereitung:

1. Das Fleisch dünn klopfen, salzen und pfeffern.
2. Das Ei mit dem Sauerrahm verrühren und Maismehl und Thymian gut einarbeiten. Das Fleisch durchziehen und in den Nüssen wälzen.
3. Auf ein Backblech legen und im Ofen bei 180° Celsius für 10 Minuten backen.
4. Du kannst das Schnitzel auch in einer beschichteten Pfanne braten, oder eine Pfanne ganz leicht mit Öl bepinseln.

Notizen:

Kürbiscreme Suppe

Kalorien: 139 kcal | Eiweiß: 7,7 Gramm | Fett: 5,2 Gramm | Kohlenhydrate: 14,4 Gramm

Für eine Portion benötigst Du:

80 Gramm Hokkaido Kürbis | 200 ml Brühe | 1 EL Frischkäse | 1 Messerspitze Ingwer gerieben | Salz und Pfeffer | 1 EL Kürbiskerne gehackt

Zubereitung:

1. Den Kürbis in grobe Würfel schneiden und in der Brühe für 10 Minuten weich kochen.
2. Mit einem Stabmixer pürieren und mit Frischkäse verfeinern.
3. Mit Ingwer, Salz und Pfeffer abschmecken, kurz aufkochen, anrichten und mit den gehackten Kürbiskernen garnieren.

Notizen:

5. Tag

Pastrami mit Pistazien und Skyr Dip

Kalorien: 161,7 kcal | Eiweiß: 19,8 Gramm | Fett: 7,1 Gramm | Kohlenhydrate: 3,5 Gramm

Für eine Portion benötigst Du:

50 Gramm Pastrami in Scheiben | 1/4 Paprika grün | 1 EL Skyr | 1 EL Pistazien gehackt und geröstet | 1 TL Basilikum fein gehackt | Salz und Pfeffer

Zubereitung:

1. Die Pastrami und den Paprika in Streifen geschnitten auf einem Teller anrichten.
2. Den Skyr mit Pistazien, Basilikum, Salz und Pfeffer verrühren und als Dip dazu anrichten.

Notizen:

Pilzragout mit asiatischen Shiitake Pilzen

Kalorien: 282,7 kcal | Eiweiß: 9,2 Gramm | Fett: 17,6 Gramm | Kohlenhydrate: 19,9 Gramm

Für eine Portion benötigst Du:

1/2 Zwiebel | 120 Gramm Shiitake Pilze frisch | 1/2 Zucchini | 1 EL Kokosöl | 1 Messerspitze Ingwer frisch gerieben | 1 EL Reisessig | 2 Tomaten | 1 Chili | 50 ml Brühe | 50 ml Sahne | 1 EL Cashew Nüsse | Sojasauce

Zubereitung:

1. Zwiebel, Pilze und Zucchini klein schneiden und im Kokosöl goldbraun anrösten.
2. Mit Ingwer würzen und mit dem Essig ablöschen. Tomaten und Chili würfel und einrühren.
3. Mit der Brühe und der Sahne aufgießen und alles für 6 Minuten kochen lassen.
4. Mit Sojasauce abschmecken, anrichten und mit den Cashew Nüssen bestreuen.

Notizen:

Fisch in pikanter Kokosnuss

Kalorien: 384,3 kcal | Eiweiß: 24,7 Gramm | Fett: 26 Gramm | Kohlenhydrate: 10,1 Gramm

Für eine Portion benötigst Du:

2 Schalotten | 1 Chili | 1 TL Ingwer gerieben | 1 TL Öl | 120 Gramm Barsch filetiert und ohne Haut | 60 Gramm Wirsing | 100 ml Kokosmilch | 1/2 Bund Koriander gehackt | etwas Salz | 1 Spritzer Limettensaft

Zubereitung:

1. Schalotten und Chili hacken und zusammen mit dem Ingwer im Öl anrösten.
2. Den Barsch in die Pfanne geben und von beiden Seiten für eine Minute anbraten.
3. Den Wirsing in Streifen schneiden, in die Pfanne geben und mit der Kokosmilch aufgießen.
4. Für 4 Minuten köcheln lassen, den Fisch aus der Pfanne nehmen, anrichten, die Kokosmilch mit Koriander, Salz und Limettensaft abschmecken und über den Barsch gießen.
5. Du kannst natürlich jeden beliebigen Fisch verwenden, aber auch zu Garnelen oder Tintenfisch greifen.

Notizen:

6. Tag

Ofen-Ei mit Schinken

Kalorien: 136 kcal | Eiweiß: 14,4 Gramm | Fett: 7,8 Gramm | Kohlenhydrate: 1,1 Gramm

Für eine Portion benötigst Du:

1 Scheibe Rohschinken | 1 TL Parmesan | 1 TL Petersilie gehackt | 1 Ei

Zubereitung:

1. Den Schinken in eine Muffin-Form legen, mit Parmesan und Petersilie bestreuen und das Ei hinein schlagen.
2. Im Ofen für 5 Minuten bei 200° Celsius backen.

Notizen:

Pfannkuchen mit Schinken und Feldsalat

Kalorien: 178,7 kcal | Eiweiß: 22,6 Gramm | Fett: 6,4 Gramm | Kohlenhydrate: 6,5 Gramm

Für eine Portion benötigst Du:

1 Ei | 50 ml Milch | 1 EL Mandelmehl | 1 EL Schnittlauch | etwas Salz | Butter zum Braten | 3 Scheiben Putenschinken | 1 EL körniger Hüttenkäse | 1/2 Paprika rot | 30 Gramm Feldsalat

Zubereitung:

1. Das Ei mit der Milch verrühren und mit dem Mandelmehl und dem Schnittlauch glatt rühren.
2. Dezent salzen und in der heißen Butter zu einem Pfannkuchen backen.
3. Den Putenschinken und die Paprika würfeln und mit dem Hüttenkäse und dem Feldsalat vermengen.
4. Den Pfannkuchen damit bedecken und zu einem Wrap einrollen.

Notizen:

Große, gemischte Salatschüssel

Kalorien: 189,2 kcal | Eiweiß: 5,2 Gramm | Fett: 13,5 Gramm | Kohlenhydrate: 10,3 Gramm

Für eine Portion benötigst Du:

50 Gramm Romana Salat | 30 Gramm Rucola | 3 Radieschen | 1/2 Stange Staudensellerie | 1/2 Paprika gelb | 1 EL Mais | 2 EL Walnüsse | 1 EL saure Sahne | 1 EL Walnuss Öl | Salz und Pfeffer

Zubereitung:

1. Den Salat in mundgerechte Stücke reißen, das Gemüse klein schneiden und alles zusammen mit dem Mais in einer Schüssel vermengen.
2. Aus der sauren Sahne, dem Öl, Salz und Pfeffer ein Dressing rühren, den Salat damit marinieren, anrichten und mit den Walnüssen bestreuen.

Notizen:

7. Tag

Scharfer Gurke-Quark mit Chili

Kalorien: 125,1 kcal | Eiweiß: 21,2 Gramm | Fett: 0,6 Gramm | Kohlenhydrate: 8 Gramm

Für eine Portion benötigst Du:

1/4 Gurke | 1 Chili rot | 1 Messerspitze Kurkuma gemahlen | 1 TL Weizenkleie | 150 Gramm Quark | etwas Sojasauce | etwas Kerbel

Zubereitung:

1. Die Gurke und die Chili fein würfeln und mit dem Kurkuma und der Weizenkleie in den Quark einrühren.
2. Mit Sojasauce abschmecken, 5 Minuten quellen lassen, anrichten und mit Kerbel bestreuen.

Notizen:

Frittierte Lamm-Bällchen

Kalorien: 419,6 kcal | Eiweiß: 33,4 Gramm | Fett: 21,9 Gramm | Kohlenhydrate: 19,3 Gramm

Für eine Portion benötigst Du:

120 Gramm Lamm mager | 1/2 Zwiebel | 1 Kartoffel gekocht | 1 Knoblauchzehe | 2 Zweige Minze | 1 Ei | Salz und Pfeffer | 1 EL Semmelbrösel | 2 EL Schmand | Öl zum Frittieren

Zubereitung:

1. Das Lamm sehr klein schneiden oder faschieren und mit der fein gehackten Zwiebel und der gekochten Kartoffel verkneten.
2. Knoblauch und Minze hacken und gemeinsam mit dem Ei einarbeiten.
3. Mit Salz und Pfeffer abschmecken und mit feuchten Händen Bällchen formen.
4. In den Semmelbrösel wälzen und im heißen Öl für gut 3 Minuten frittieren.
5. Den Schmand mit Salz und Pfeffer abschmecken und als Dip anrichten.

Notizen:

Carpaccio vom Reh mit Parmesan und Walnüssen

Kalorien: 365,6 kcal | Eiweiß: 36,6 Gramm | Fett: 22 Gramm | Kohlenhydrate: 2,6 Gramm

Für eine Portion benötigst Du:

100 Gramm Filet vom Reh | 1 Radieschen fein geraspelt | 20 Gramm Feldsalat | 10 Gramm Parmesan gehobelt | 10 Gramm Walnüsse gehackt und geröstet | 1 EL Sherry Essig | 1 EL Walnuss Öl | Salz und Pfeffer aus der Mühle

Zubereitung:

1. Das Fleisch zwischen einer Folie hauchdünn klopfen und auf einem Teller anrichten.
2. Mit dem Feldsalat bedecken.
3. Den gehobelten Parmesan und die Walnüsse darauf verteilen.
4. Mit Essig und Öl beträufeln und mit Salz und Pfeffer aus der Mühle würzen.

Notizen:

8. Tag

Pfirsich-Joghurt mit Sonnenblumenkernen

Kalorien: 183,5 kcal | Eiweiß: 8,5 Gramm | Fett: 5,4 Gramm | Kohlenhydrate: 24,1 Gramm

Für eine Portion benötigst Du:

120 Gramm Joghurt | 1 Pfirsich | 1/2 TL Koriander gemahlen | 1 Prise Himalaya Salz | 1 EL Sonnenblumenkerne geröstet

Zubereitung:

1. Joghurt mit dem Pfirsich mixen und mit Koriander und Salz abschmecken.
2. Nach Bedarf mit Süßstoff süßen, in ein Glas füllen und mit den Sonnenblumenkernen bestreuen.

Notizen:

Überbackenes Vollkorn-Brot

Kalorien: 356,5 kcal | Eiweiß: 15,9 Gramm | Fett: 6,6 Gramm | Kohlenhydrate: 56,1 Gramm

Für eine Portion benötigst Du:

2 Scheiben Vollkornbrot | 2 Scheiben Schwarzwälder Schinken | 2 Kirschtomaten | 1 El Zwiebel fein gehackt | 2 EL Bergkäse gerieben

Zubereitung:

1. Das Brot mit dem Schinken, den in Scheiben geschnittenen Tomaten und dem Zwiebel belegen.
2. Mit dem Bergkäse bestreuen und im Ofen bei 200° Celsius für 8 Minuten backen.

Notizen:

Selleriesalat mit Fenchel und Fisch

Kalorien: 268,4 kcal | Eiweiß: 17,2 Gramm | Fett: 18,6 Gramm | Kohlenhydrate: 6 Gramm

Für eine Portion benötigst Du:

1 Stange Staudensellerie | 1/2 Fenchel | 30 Gramm Kopfsalat | 2 EL Joghurt | 1 TL Sesamöl | Salz und Pfeffer | 80 Gramm geräucherter Heilbutt

Zubereitung:

1. Den Staudensellerie und den Fenchel raspeln, den Kopfsalat in mundgerechte Stücke zupfen und gut vermengen.
2. Aus Joghurt, Sesamöl, Salz und Pfeffer eine Marinade rühren und den Salat damit anmachen.
3. Anrichten und mit dem in Streifen geschnittenen geräucherten Heilbutt garnieren.
4. Du kannst natürlich auch andere geräucherte Fische verwenden.

Notizen:

9. Tag

Rote Bete Smoothie

Kalorien: 161,1 kcal | Eiweiß: 7,7 Gramm | Fett: 7,1 Gramm | Kohlenhydrate: 15,5 Gramm

Für eine Portion benötigst Du:

1 rote Bete gekocht | 150 ml Buttermilch | 1 EL Walnüsse | 1 Prise Himalaya Salz | 1 Prise Muskat gemahlen | 1 Prise Cayenne Pfeffer

Zubereitung:

1. Alle Zutaten in den Mixer geben und zu einem cremigen Shake pürieren.
2. Die Gewürze spielen hier eine wichtige Rolle, da sie Deinen Stoffwechsel so richtig ankurbeln.
3. An heißen Tagen kannst Du auch einige Eiswürfel zusätzlich in den Mixer geben oder den Shake "on the rocks" genießen.

Notizen:

Gebratener Wurstsalat

Kalorien: 396,2 kcal | Eiweiß: 23,6 Gramm | Fett: 27,3 Gramm | Kohlenhydrate: 11,1 Gramm

Für eine Portion benötigst Du:

100 Gramm Geflügelwurst | 2 Stück Baby Mais | 1 EL Pflanzenöl | 1/4 Paprika rot | 1/4 Zwiebel rot | 30 Gramm Feta | 1 EL Erdnüsse geröstet | 2 EL naturtrüber Apfelessig | 3 EL Wasser | etwas Majoran frisch | Salz und Pfeffer

Zubereitung:

1. Die Wurst in Streifen schneiden, den Baby Mais in Ringe schneiden und zusammen im Pflanzenöl knusprig anbraten.
2. Zwiebel und Paprika würfeln und in die Pfanne geben. Kurz rösten.
3. Den Feta würfeln, in die Pfanne geben und zusammen mit den Erdnüssen kurz durchschwenken.
4. Alles mit dem Apfelessig und dem Wasser aufgießen, kurz verdampfen lassen und anrichten.
5. Mit Majoran, Salz und Pfeffer abschmecken.

Notizen:

Garnelen Frikassee

Kalorien: 232,2 kcal | Eiweiß: 31,7 Gramm | Fett: 8,7 Gramm | Kohlenhydrate: 5,2 Gramm

Für eine Portion benötigst Du:

1 TL Butter | 1 TL Mandelmehl | 100 ml Brühe | Salz und Pfeffer | 1 Lorbeerblatt | 130 Gramm Garnelen geputzt, ohne Kopf und Schwanz | 2 Champignons | 20 Gramm Erbsen | 2 EL Sahne | 1 EL Petersilie

Zubereitung:

1. Die Butter in einer Pfanne schmelzen lassen und mit dem Schneebesen das Mandelmehl einrühren.
2. Es dürfen sich keine Klumpen bilden. Hell anrösten und mit der Brühe aufgießen.
3. Gut durchrühren und mit dem Lorbeerblatt, Salz und Pfeffer abschmecken.
4. Die Champignons blättrig schneiden und zusammen mit den Garnelen und den Erbsen in die Pfanne geben.
5. Für 4 Minuten köcheln lassen, mit der Sahne verfeinern, 30 weitere Sekunden köcheln, Petersilie einrühren und anrichten.

Notizen:

10. Tag

Vollkorn-Brot mit Hummus

Kalorien: 272,3 kcal | Eiweiß: 11,5 Gramm | Fett: 9,6 Gramm | Kohlenhydrate: 33,1 Gramm

Für eine Portion benötigst Du:

20 Gramm Kichererbsen aus der Dose | 1 TL Frischkäse | 1 Knoblauchzehe | Salz und Cayenne Pfeffer | 1 TL Olivenöl | 1 Scheibe Vollkornbrot | 1/2 gekochtes Ei

Zubereitung:

1. Die Kichererbsen mit dem Frischkäse und dem Knoblauch pürieren und mit Salz, Pfeffer und Olivenöl gut verrühren.
2. Das Vollkornbrot damit bestreichen und mit dem halben gekochten Ei belegen.

Notizen:

Rice Berry mit gebratenem Hühnchen

Kalorien: 279,4 kcal | Eiweiß: 30,9 Gramm | Fett: 5,7 Gramm | Kohlenhydrate: 24,4 Gramm

Für eine Portion benötigst Du:

1 Schalotte | 1/4 Möhre gelb | 1 Messerspitze Ingwer gerieben | 1 TL Butter | 1 Tasse Rice Berry Reis gekocht | einige Blätter Knoblauch-Rauke | Salz und Pfeffer | 130 Gramm Hühnerbrust | etwas Paprikapulver geräuchert

Zubereitung:

1. Die Schalotte und die Möhre klein schneiden und zusammen mit dem Ingwer in der Butter glasig anschwitzen.
2. Den gekochten roten Reis hinzugeben und mit der gehackten Knoblauch-Rauke, Salz und Pfeffer abschmecken.
3. Die Hühnerbrust mit Salz und Pfeffer würzen und mit dem geräucherten Paprikapulver einreiben.
4. In einer Grillpfanne ohne Öl für 3 Minuten pro Seite grillen und zusammen mit dem Reis anrichten.

Notizen:

Leberknödel Suppe

Kalorien: 334,7 kcal | Eiweiß: 26,6 Gramm | Fett: 16 Gramm | Kohlenhydrate: 18,8 Gramm

Für eine Portion benötigst Du:

1/4 Zwiebel | 1 TL Butter | 50 ml Milch | 1/2 altbackene Semmel | 1 EL Petersilie gehackt | 80 Gramm Rinderleber | 1 Ei | 1 EL Mandelmehl | etwas Kümmel gemahlen | Salz und Pfeffer | etwas Majoran | 250 ml kräftige Rindsuppe | 1 EL Schnittlauch

Zubereitung:

1. Die Zwiebel fein hacken und in der Butter glasig anschwitzen.
2. Die Pfanne vom Herd nehmen und die Zwiebel mit der Milch aufgießen.
3. Die alte Semmel klein würfeln und in die Milch geben. Die Petersilie und die Rinderleber klein hacken und untermengen.
4. Zusammen mit dem Ei und dem Mandelmehl eine geschmeidige Masse kneten. Mit Kümmel, Salz, Pfeffer und Majoran abschmecken.
5. Mit feuchten Händen drei kleine Knödel formen.
6. Die Rindsuppe zum Kochen bringen und die Knödel für etwa 6 Minuten darin ziehen lassen.
7. Anrichten und mit Schnittlauch bestreuen.

Notizen:

11. Tag

Grapefruit-Quark mit Müsli

Kalorien: 282,2 kcal | Eiweiß: 23,5 Gramm | Fett: 14,9 Gramm | Kohlenhydrate: 11,5 Gramm

Für eine Portion benötigst Du:

50 Gramm Pink Grapefruit filetiert und kernlos | 120 Gramm Quark | Süßstoff nach Bedarf | 1 EL Sojaflocken | 2 EL gehackte Nüsse nach Wahl | 1/2 TL Rosinen ungeschwefelt

Zubereitung:

1. Die Grapefruit in kleine Stücke schneiden und mit dem Quark verrühren.
2. Mit dem Süßstoff abschmecken und die Sojaflocken, die Nüsse und die Rosinen unterheben.
3. Alles für 10 Minuten quellen lassen.

Notizen:

Pichelsteiner Eintopf

Kalorien: 304,8 kcal | Eiweiß: 25,7 Gramm | Fett: 12,6 Gramm | Kohlenhydrate: 20 Gramm

Für eine Portion benötigst Du:

100 Gramm Rinder Oberschale | 1/2 Möhre | 1 Kartoffel | 40 Gramm Lauch | 40 Gramm Weißkraut | 1 EL Butterschmalz | 1 EL Apfelessig naturtrüb | 250 ml Brühe | 1 Lorbeerblatt | 1 Gewürznelke | Salz und Pfeffer | Petersilie gehackt zum Bestreuen

Zubereitung:

1. Das Fleisch und das Gemüse klein schneiden und im Butterschmalz anrösten.
2. Mit dem Apfelessig ablöschen und mit der Brühe aufgießen.
3. Mit dem Lorbeerblatt, der Gewürznelke, Salz und Pfeffer abschmecken.
4. Den Topf mit dem Deckel verschließen und alles bei kleiner Hitze für eine Stunde köcheln lassen.
5. Anrichten und mit Petersilie bestreuen.

Notizen:

Kalbsschnitzel a la Hawaii

Kalorien: 341,7 kcal | Eiweiß: 36,3 Gramm | Fett: 18,4 Gramm | Kohlenhydrate: 5,3 Gramm

Für eine Portion benötigst Du:

130 Gamm Kalbsschnitzel | Salz und Pfeffer | 2 Scheiben Ananas a 5 mm | 1 TL Kokosöl | 10 Gramm Blattspinat | 30 Gramm Emmentaler Käse

Zubereitung:

1. Das Fleisch dünn klopfen, salzen und pfeffern und zusammen mit der Ananas für je 2 Minuten pro Seite im Kokosöl anbraten.
2. Das Fleisch nun mit der Ananas belegen, mit dem Blattspinat bedecken und mit dem Emmentaler abschließen.
3. Mit der Pfanne in den Backofen schieben und für 5 Minuten bei 200° Celsius backen.

Notizen:

12. Tag

Avocado Creme

Kalorien: 234,5 kcal | Eiweiß: 11,5 Gramm | Fett: 17,1 Gramm | Kohlenhydrate: 7 Gramm

Für eine Portion benötigst Du:

1/4 Avocado | 1 EL Hüttenkäse | 1/2 gekochtes Ei | Salz und Cayenne Pfeffer | 1 Prise Muskat gemahlen | 1 EL Haselnüsse gehackt und geröstet | 1 Frühlingszwiebel

Zubereitung:

1. Die Avocado mit der Gabel zerdrücken und mit dem Hüttenkäse glatt rühren.
2. Das gekochte Ei hacken und unterheben.
3. Mit Salz und Pfeffer, sowie Muskat abschmecken, mit den Haselnüssen und der gehackten Frühlingszwiebel garnieren und genießen.

Notizen:

Sesamtaler mit Käse

Kalorien: 496,8 kcal | Eiweiß: 15,5 Gramm | Fett: 32,4 Gramm | Kohlenhydrate: 32,2 Gramm

Für eine Portion benötigst Du:

1 Kartoffel | 1 Möhre | 2 EL Dinkelflocken | 100 ml Brühe | 1 Eigelb | 1/2 TL Kräuter der Provence | 2 EL Käse gerieben | Salz und Pfeffer | 1 Prise Kardamom gemahlen | 3 EL Sesam | Öl zum Braten

Zubereitung:

1. Die Kartoffel und die Möhre reiben und mit den Dinkelflocken vermengen.
2. Kurz einmal in der Brühe aufkochen, vom Herd nehmen und abkühlen lassen.
3. Mit dem Eigelb, den Kräutern und dem Käse zu einem teig verkneten und mit Salz, Pfeffer und Kardamom abschmecken.
4. Mit feuchten Händen zwei Taler formen und diese gut im Sesam wälzen.
5. In der heißen Pfanne bei mittlerer Hitze mit Öl für knapp 5 Minuten pro Seite braten.

Notizen:

Ratatouille mit Kürbis

Kalorien: 279,7 kcal | Eiweiß: 10,8 Gramm | Fett: 15,4 Gramm | Kohlenhydrate: 22,6 Gramm

Für eine Portion benötigst Du:

100 Gramm Kürbis | 40 Gramm Auberginen | 1/2 Zucchini | 2 Schalotten | 3 Tomaten | 1 TL Oregano | etwas Thymian | Salz und Pfeffer | 20 Gramm Ricotta Käse | 20 Gramm Mandeln

Zubereitung:

1. Das Gemüse in 2 cm große Stücke schneiden und in eine Auflaufform geben.
2. Mit Oregano, Thymian, Salz und Pfeffer würzen und mit dem Ricotta bedecken.
3. Mit den Mandeln bestreuen und im Ofen bei Ober- und Unterhitze bei 180° Celsius für 15 Minuten backen.

Notizen:

13. Tag

Papaya, Zitrone und Parma Schinken

Kalorien: 98,4 kcal | Eiweiß: 13,3 Gramm | Fett: 1,4 Gramm | Kohlenhydrate: 7,6 Gramm

Für eine Portion benötigst Du:

80 Gramm Papaya | etwas Zitronensaft | frisch gemahlener Pfeffer | 40 Gramm Parma Schinken | 1 EL Joghurt | 1 TL Schnittlauch

Zubereitung:

1. Die Papaya mit dem Zitronensaft beträufeln und mit dem Pfeffer bestreuen.
2. Zusammen mit dem Parmaschinken anrichten und dazu ein Dip aus Joghurt und Schnittlauch servieren.
3. Wenn Du Papaya isst, solltest Du auch immer drei bis vier Kerne dieser Frucht essen.
4. Diese leicht scharfen Kerne kurbeln den Stoffwechsel an, wirken entzündungshemmend und besitzen Enzyme, welche die Fettverbrennung aktivieren.

Notizen:

Hirschsteak mit Rahmlauch

Kalorien: 430,2 kcal | Eiweiß: 38,2 Gramm | Fett: 25,6 Gramm | Kohlenhydrate: 8,7 Gramm

Für eine Portion benötigst Du:

150 Gramm Hirschrücken | Salz und Pfeffer | 1 Prise Piment | 100 Gramm Lauch | 1 EL Butter | 1 TL Mandelmehl | 80 ml Sahne mit 20% Fett | 1 Prise Anispulver | 1 EL Haselnüsse gehackt

Zubereitung:

1. Das Fleisch salzen, pfeffern und mit Piment würzen. In einer Grillpfanne ohne Öl für je 3 Minuten pro Seite braten.
2. Den Lauch in Ringe schneiden und in der Butter anschwitzen.
3. Mit dem Mandelmehl verrühren und mit der Sahne aufgießen.
4. Mit Anis, Salz und Pfeffer würzen, einmal aufkochen lassen und das Fleisch in die Sauce geben.
5. Für eine weitere Minute ziehen lassen, anrichten und mit den Haselnüssen bestreuen.

Notizen:

Basilikum Tomaten mit Spiegelei

Kalorien: 224,7 kcal | Eiweiß: 14,5 Gramm | Fett: 14,7 Gramm | Kohlenhydrate: 8,6 Gramm

Für eine Portion benötigst Du:

3 Tomaten | 1/2 rote Zwiebel | 2 EL Basilikum gehackt | Salz und Pfeffer | 20 Gramm Ziegenkäse | 1 EL Pinienkerne | 1 Ei

Zubereitung:

1. Die Tomaten achteln, die Zwiebel hacken, mit dem Basilikum vermengen und mit Salz und Pfeffer würzen.
2. In ein kleine Auflaufform geben, mit dem Ziegenkäse bedecken und mit den Pinienkernen bestreuen.
3. Mittig das Ei hineinschlagen und im Backofen bei 180° Celsius für 8 Minuten backen.

Notizen:

14. Tag

Shake mit Chai Latte und Cashew Nüssen

Kalorien: 223,6 kcal | Eiweiß: 8,9 Gramm | Fett: 13 Gramm | Kohlenhydrate: 16 Gramm

Für eine Portion benötigst Du:

150 ml Milch | 1 Beutel Schwarztee | 1 Prise Nelkenpulver | 1 Prise Zimt gemahlen | 1 Messerspitze Ingwer gemahlen | 1 Prise Kardamom gemahlen | Süßstoff nach Bedarf | 20 Gramm Cashew Nüsse | etwas Schlagsahne

Zubereitung:

1. Die Milch mit den Gewürzen und dem Teebeutel aufkochen lassen, vom Herd nehmen und nach Bedarf süßen.
2. Mit den Cashew Nüssen und der Schlagsahne in den Mixer geben und zu einem cremigen Shake pürieren.
3. Du kannst anstatt Schwarztee und den Gewürzen auch einen fix fertigen Beutel Chai Tee verwenden und diesen für 6 Minuten in der heißen Milch ziehen lassen.

Notizen:

Massaman Curry

Kalorien: 551,3 kcal | Eiweiß: 35,9 Gramm | Fett: 32,1 Gramm | Kohlenhydrate: 25,7 Gramm

Für eine Portion benötigst Du:

1/2 Zwiebel | 100 Gramm Kartoffel | 1 EL Massaman Curry Paste | 100 ml Kokosmilch | 100 ml Brühe | 120 Gramm Hühnerbrust ohne Haut | etwas Fischsauce | 2 EL Erdnüsse | 1 Prise Zimt

Zubereitung:

1. Zwiebel und Kartoffel grob schneiden und zusammen mit der Curry Paste in einer Pfanne anrösten mit der Kokosmilch und der Brühe aufgießen.
2. Mit dem Schneebesen die Curry Paste gut auflösen und alles für 5 Minuten köcheln lassen.
3. Das Hühnchen in Streifen schneiden, hinzugeben und für weitere 5 Minuten mit kochen.
4. Mit Fischsauce und Zimt abschmecken, anrichten und mit den Erdnüssen garnieren.

Notizen:

Kalbfleisch, Artischocken und Balsamico Essig

Kalorien: 397,7 kcal | Eiweiß: 37,7 Gramm | Fett: 18,9 Gramm | Kohlenhydrate: 12 Gramm

Für eine Portion benötigst Du:

150 Gramm Kalbsschnitzel | 1/2 rote Zwiebel | 1 EL Olivenöl | 100 Gramm Artischocken Herzen | 20 Gramm getrocknete Tomaten | 2 EL Balsamico Essig dunkel | 50 ml Brühe | 1 EL Pinienkerne | 1/2 TL Rosmarin fein gehackt

Zubereitung:

1. Das Fleisch und die Zwiebel klein schneiden und im Olivenöl anbraten.
2. Die Artischocken und die getrockneten Tomaten ebenfalls klein schneiden und mitrösten.
3. Mit dem Balsamico Essig ablöschen und mit der Brühe aufgießen.
4. Pinienkerne und Rosmarin einrühren.
5. Alles für 8 Minuten bei kleiner Hitze köcheln lassen und anrichten.

Notizen:

Fazit

Nun hast Du eine breite Auswahl an Rezepten sowohl für die 16:8 Diät, als auch für die 5:2 Diät. Sofern es die Kalorien erlauben, kannst Du natürlich einzelne Gerichte und Tage untereinander austauschen. Wichtig ist, dass Du bei Deiner 5:2 Diät nie über Deine Grenze von 500 kcal bzw. 600 kcal kommst, und bei der 16:8 Diät wirklich immer 16 zusammenhängende Stunden absolut fastest. Auch ist es wichtig, dass bei jeder Mahlzeit zwei Power-Foods enthalten sind.

Die Rezepte kannst Du auch praktisch auf sämtliche Methoden der Intervallfasten Diät ummünzen. Ob 14:10 oder 20:4, die Rezepte der 16:8 Diät passen auch hier hervorragend. Bei der 20:4 Diät wäre es jedoch ratsam, anstatt drei Mahlzeiten, nur zwei zu essen. Du kannst hier mit drei Mahlzeiten beginnen, und nach der zweiten Woche reduzieren. Im Prinzip wäre es egal, ob Du zwei oder mehrere Mahlzeiten zu Dir nimmst, es geht hier jedoch um die Regenerations-Zeit zwischen den Mahlzeiten. Besser wäre es zum Beispiel bei der 20:4 Diät, wenn Du anstatt des Frühstück, diese Mahlzeit als Dessert verspeist.

Intervallfasten - FAQ

Warum funktioniert die Methode nicht?
Dafür kann es mehrere Gründe geben. Entweder Du hältst Dich nicht konsequent an die Fastenzeiten, trinkst anstatt Wasser Limonade oder Du nimmst zu viele leere Kalorien zu Dir.

Darf jeder die Intervall-Diät machen?
Generell ja, jedoch Kinder im Wachstum, Schwanger und Stillende sollten die Finger von Diäten lassen. Im Zweifelsfall ist es immer besser, im Vorfeld mit dem Hausarzt zu sprechen.

Wieviel Sport muss sein?
Auch wenn Du ein Sportmuffel bist, für maximalen Erfolg, solltest Du Dich zumindest 10 Minuten pro Tag bewegen.

Ist Alkohol während der Diät erlaub?
Alkohol verlangsamt Deinen Stoffwechsel und hat zusätzlich viele Kalorien. Zudem macht Alkohol hungrig. Daher ist es besser komplett auf Alkohol zu verzichten. Wenn es sich nicht vermeiden lässt, kannst Du ab und an ein Glas Wein, oder eine Schorle trinken.

Was passiert wenn ich "sündige"?
Lass Dich von einer kleinen Sünde nicht entmutigen. Verbuche den Tag unter "Cheat day" und mach am nächsten Tag mit doppeltem Elan weiter. Vielleicht gönnst Du Deinem Körper ja auch die doppelte Portion Sport, oder verzichtest zusätzlich auf ein kleines Zwischengericht.

Wie kann ich dauerhaft mein Gewicht halten?
Nachdem Du Dein Wunschgewicht erreicht hast, solltest Du einmal pro Woche einen Intervall-Tag einhalten. So wird Dein Stoffwechsel immer wieder aktiviert und der Jo-Jo Effekt bleibt aus.

Impressum

Umschlaggestaltung, Verantwortlicher, Illustration:
Paul Kurpiela, Föhrenstr. 8 77656 Offenburg
paul.kurpiela@gmail.com
Bibliografische Information der Deutschen Nationalbibliothek:Die Deutsche Nationalbibliothek verzeichnet diese Publikation in der Deutschen Nationalbibliografie; detaillierte bibliografische Daten sind im Internet über http://dnb.d-nb.de abrufbar.
 Suchen Sie bei unklare oder heftigen Beschwerden unbedingt einen Arzt auf! Die Informationen in diesem Buch sind vom Autor sorgfältig recherchiert und zusammengestellt worden, sie können aber keineswegs einen Arzt ersetzen! Die hier dargestellten Informationen dienen nicht Diagnosezwecken oder als Therapieempfehlungen. Eine Haftung des Autor für Personen-, Sach- und Vermögensschäden durch dieses Buch wird ausgeschlossen.

35452623R00070

Printed in Poland
by Amazon Fulfillment
Poland Sp. z o.o., Wrocław